근현대 전법 선맥(傳法禪脈)

75조 경허 성우(鏡虛 惺牛) 전법선사

홀연히 콧구멍 없는 소 되라는 말끝에　　忽聞人語無鼻孔
삼천계가 내 집임을 단박에 깨달았네　　頓覺三千是我家
유월의 연암산을 내려가는 길에서　　　六月鷰岩山下路
일없는 야인이 태평가를 부르노라　　　野人無事太平歌

76조 만공 월면(滿空 月面) 전법선사

구름과 달, 산과 계곡이라, 곳곳에서 같음이여　　雲月溪山處處同
선가의 나의 제자 수산의 큰 가풍일세　　　　　曳山禪子大家風
은근히 무문인을 그대에게 분부하니　　　　　　慇懃分付無文印
이 기틀의 방편이 활안 중에 있노라　　　　　　一段機權活眼中

* 제75조 경허 성우 전법선사 전함 / 제76조 만공 월면 전법선사 받음

77조 전강 영신(田岡 永信) 전법선사

불조도 전한 바 없어서　　佛祖未曾傳
나 또한 얻은 바 없음을…　我亦無所得
가을빛 저물어 가는 날에　　此日秋色暮
뒷산의 원숭이가 울고 있네　猿嘯在後峰

* 제76조 만공 월면 전법선사 전함 / 제77조 전강 영신 전법선사 받음

78대 농선 대원(弄禪 大圓) 전법선사 전법게

부처와 조사도 일찍이 전한 것이 아니거늘　　佛祖未曾傳
나 또한 어찌 받았다 하며 준다 할 것인가　　我亦何受授
이 법이 2천년대에 이르러서　　　　　　　　此法二千年
널리 천하 사람을 제도하리라　　　　　　　　廣度天下人

부송(付頌)

어상을 내리지 않고 이러-히 대한다 함이여　　不下御床對如是
뒷날 돌아이가 구멍 없는 피리를 불리니　　　後日石兒吹無孔
이로부터 불법이 천하에 가득하리라　　　　　自此佛法滿天下

* 제77조 전강 영신 전법선사 전함 / 제78대 농선 대원 전법선사 받음

이 오도송과 전법게는 농선 대원 선사님께서 법리에 맞도록 새롭게 번역한 것입니다.

불조정맥 제77조 대한불교 조계종 전강 대선사님께서는, 16세에 출가하여 23세 때 첫 깨달음을 얻고 25세에 인가를 받으셨다. 당대의 7대 선지식인 만공, 혜봉, 혜월, 한암, 금봉, 보월, 용성 선사님의 인가를 한 몸에 받으셨으며, 이 중 만공 선사님께 전법게를 받아 그 뒤를 이으셨다. 당대의 선지식들이 모두 극찬할 정도로 그 법이 뛰어나서 '지혜제일 정전강'이라 불렸다.

33세의 최연소의 나이로 통도사 조실을 하셨고, 법주사, 망월사, 동화사, 범어사, 천축사, 용주사, 정각사 등 유명선원 조실을 역임하시고 인천 용화사 법보선원의 조실로 일생을 마치셨다.

1975년 1월 13일, 용화사 법보선원의 천여 명 대중 앞에서 "어떤 것이 생사대사(生死大事)인고?" 자문한 후에 "악! 구구는 번성(飜成) 팔십일이니라."라고 법문한 뒤, 눈을 감고 좌탈입망하셨다.

다비를 하던 날, 화려한 불빛이 일고 정골에서 구슬 같은 사리가 무수히 나왔다. 열반하시기까지 한결같이 공안 법문으로 최상승법을 드날리셨으니 그 투철한 깨달음과 뛰어난 법, 널리 교화하기를 그치지 않으셨던 점에 있어서 한국 근대 선종의 거목이라 일컬어지고 있다.

불조정맥 제78대 농선 대원 전법선사님
- 전강대법회에서 법문 중 할을 하시는 모습

오로지 정법만을 깨닫기 서원합니다.

입을 열면 정법만을 설하기 서원합니다.

중생이 다하는 그날까지 교화하기 서원합니다.

- 농선 대원 전법선사의 3대 서원

불교 8대 선언문

불교는 자신에게서 영생을 발견하게 한 유일한 종교이다.

불교는 자신에게서 모든 지혜를 발견하게 한 유일한 종교이다.

불교는 자신에게서 모든 능력을 발견하게 한 유일한 종교이다.

불교는 자신에게서 모든 것을 이루게 한 유일한 종교이다.

불교는 자신에게서 극락을 발견하게 한 유일한 종교이다.

불교는 깨달으면 차별 없어 평등하다는 유일한 종교이다.

불교는 모든 억압 없이 자신감을 갖게 한 유일한 종교이다.

불교는 그러므로 온 누리에 영원할 만인의 종교이다.

- 능신 대원 전법선시 주창

전세계의 불교계에서 통일시켜야 할 일

경전의 말씀대로 32상과 80종호를 갖춘 불상으로 통일해야 한다.

예불 드리는 법을 통일해야 한다.

불공의식을 통일해야 한다.

- 농선 대원 전법선사 주창

2018년 이문절 포천정맥선원 농선 대원 선사님의 법회

대방광불화엄경
大方廣佛華嚴經

제 **37** 권

십지품 ④
十地品

도서출판 문젠(구, 바로보인)은 정맥선원에서 운영하고 있습니다.

* 인제산(人濟山) 성불사(成佛寺) 국제정맥선원
  경기도 포천시 내촌면 소리개길 86-178 ☎ 031-531-8805 ☎ 010-6431-8805
* 인제산(人濟山) 이문절 포천정맥선원
  경기도 포천시 내촌면 소리개길 86-123 ☎ 031-531-2433 ☎ 010-3880-8980
* 자모산(慈母山) 육조사(六祖寺) 청도정맥선원
  경북 청도군 매전면 동산리 산 50 ☎ 010-9800-6109
* 백양산(白楊山) 자모사(慈母寺) 부산정맥선원
  부산시 동래구 아시아드대로 114번길 10 대륙코리아나 2층 212호
  ☎ 051-503-6460 ☎ 010-2951-8667
* 광암산(光巖山) 성도사(成道寺) 광주정맥선원
  광주광역시 광산구 삼도광암길 34 ☎ 062-944-4088 ☎ 010-8670-1445
* 대통산(大通山) 대통사(大通寺) 해남정맥선원
  전남 해남군 화산면 송계길 132-98 중정마을 ☎ 061-536-6366 ☎ 010-8938-2438

바로보인 불법 ❸❽

화 엄 경 37권

초판 1쇄 펴낸날 단기 4352년, 불기 3046년, 서기 2019년 4월 20일

역   저 농선 대원 선사
펴 낸 곳 도서출판 문젠(Moonzen Press)
        11192,경기도 포천시 내촌면 소리개길 86-178
        전화 031-534-3373 팩스 031-533-3387
신 고 번 호 2010.11.24. 제2010-000004호

윤 문 교 정 증연 강영미
편집 전자책 제작 도향 하가연
표 지 그 림 현정(玄楨)
인   쇄 가람문화사

도서출판문젠 www.moonzenpress.com
정 맥 선 원 www.zenparadise.com
사막화방지국제연대(IUPD) www.iupd.org

ⓒ 문재현, 2019. Printed in Seoul, Republic of Korea
값 15,000원
ISBN 978-89-6870-037-8 04220
ISBN 978-89-6870-000-2 (전81권)

華嚴十無頌 화엄십무송

- 농선 대원 선사

無相法性常顯前
상이 없는 법성은 언제나 드러나 있고

無性諸法如谷響
성품이 없는 모든 법은 골짜기에 메아리 같도다

無外作處是自在
밖이 없이 짓는 곳을 이 자재라 하는 것이니

無非華嚴大道場
화엄 대도량 아님이 없음이로다

無窮無盡光神通
궁구할 수 없고 다함 없는 광명의 신통에서

無不出生三千界
삼천대천세계가 나오지 않음이 없도다

無碍相卽大自在
걸림이 없이 서로 즉한 대자재여

無爲之法是日常
함이 없는 법이 일상이로다

無有定法隨狀況
정한 법 없어 상황을 따름이여

無上無爲妙菩提
위 없고 함이 없는 묘보리로다

바로보인 불법 ㊳

화엄경(華嚴經) 37권

농선 대원 선사 역저

二十六 、 십지품 (十地品) ④

서 문

가없이 크고 넓어 광대함이여!
모양 없는 그 가운데 본래 갖춤
증득한 지혜인이라야 아네

남섬부주 일체의 나툼이여
본래의 갖춤에 비하자면
천만억분의 일도 안 된다네

이러-히 온통 온통함이여!
모두 갖춘 본연한 이 장엄을
'대방광불화엄'이라 하네

단기(檀紀) 4345년
불기(佛紀) 3039년

무등산인 농선 대원
(無等山人 弄禪 大圓)

⌒ 81권 화엄경 권과 품

차 례

일러두기

1. 화엄경 본문을 지나치게 세밀하게 나누어 긴 주해를 싣지 않은 것은 그로 해서 원문의 흐름이 끊어지게 되지 않을까 하는 우려에서이다. 이런 까닭에 다만 수없이 장고(長考)하며 최대한 원문에 충실하게 번역하고 각권의 마지막이나 각품의 마지막에만 결문(結文)을 더하였다. 화엄경 본문이 이치적으로 더할 나위 없이 샅샅이 화엄의 화장세계를 밝힌 것이라면 결문은 화엄경의 화장세계를 선(禪) 도리로 간략히 바로 끊어 보인 것이다. 이로써 경의 본뜻이 굴절 없이 전달되어 화엄의 세계가 독자의 세계가 되기를 바란다.
2. 요즈음 화엄경을 접한 이들이 최고의 경전이라 불리는 화엄경 첫머리부터 '신(神)'이라는 호칭으로 기록된 분들이 많은 것을 보고 의아하게 생각하는 경우가 있다. 화엄경의 첫머리인 세주묘엄품을 보면 이 '신(神)'이라는 호칭으로 기록된 분들이 불보살님의 화현이거나 보살마하살의 경지에서 행하는 분들임을 알 수 있다. 이런 까닭에 이 책에서는 '신(神)'을 '천제(天帝)'로 번역하였다. 예를 들면, '집금강신'은 '집금강천제'로 의역하였다. 천제는 그 세계를 다스리고 교화하는 분, 곧 깨달아, 삼매와 지혜와 덕과 신통과 방편과 변재를 갖추어서 다스리고 교화하는 분을 말한다.
3. 미주는 *로 표시하였다.

二十六 십지품 ④

菩薩旣聞諸勝行
其心歡喜雨妙華
放淨光明散寶珠
供養如來稱善說

百千天衆皆欣慶
共在空中散衆寶
華鬘瓔珞及幢幡
寶蓋塗香咸供佛

自在天王幷眷屬
心生歡喜住空中
散寶成雲持供養
讚言佛子快宣說

6)제6 현전지(現前地)*

보살들이 모든 뛰어난 행을 듣고는
그 마음이 환희하여 묘한 꽃을 비 내리듯 하며
청정한 광명을 놓고 보배 구슬을 흩뿌려서
여래께 공양 올리며 잘 설함을 찬탄하네

백천 천상의 대중이 다 기뻐하고 경축하며
허공 가운데 함께 있으면서 온갖 보배를 흩뿌리고
화만과 영락과 당기와 번기와
보배일산과 바르는 향을 모두 부처님께 공양 올리네

자재천왕과 권속들도
환희의 마음을 내어 허공 가운데 머물러
보배를 흩뿌려 구름을 이루어서 공양 올리며
찬탄하여 말하기를 불자여 흔쾌히 널리 펴 설하소서

無量天女空中住
共以樂音歌讚佛
音中悉作如是言
佛語能除煩惱病

法性本寂無諸相
猶如虛空不分別
超諸取着絶言道
眞實平等常淸淨

若能通達諸法性
於有於無心不動
爲欲救世勤修行
此佛口生眞佛子

한량없는 천녀들도 허공 가운데 머물러
함께 즐거운 음악으로 부처님을 찬탄하여 노래하고
음악 가운데 모두 이와 같이 말하기를
부처님의 말씀은 번뇌의 병을 없애 주시네

법성이 본래 고요하여 모든 상 없음이
마치 분별 없는 허공과 같아
모든 취함과 집착함을 초월하여 언어의 도가 끊어지니
참답고 실다우며 평등하여 항상 청정하네

만약 모든 법의 성품을 잘 통달하면
있음과 없음에 마음이 움직이지 않고
세상을 구제하고자 부지런히 수행할 뿐이니
이는 부처님의 입으로 난 참다운 불자라네

不取衆相而行施
本絶諸惡堅持戒
解法無害常堪忍
知法性離具精進

已盡煩惱入諸禪
善達性空分別法
具足智力能博濟
滅除衆惡稱大士

如是妙音千萬種
讚已默然瞻仰佛
解脫月語金剛藏
以何行相入後地

온갖 상을 취하지 않으면서 보시를 행하며
모든 악의 근본을 끊어 계를 굳게 지키고
법에는 해로움이 없음을 알아 항상 참고 견디며
법에는 성품이 없음을 알아 정진을 갖추고

번뇌를 다하고는 모든 선정에 들어
성품이 공함을 잘 통달해서 법을 분별하며
지혜의 힘을 구족하여 널리 구제하니
온갖 악을 멸하여 없애는 보살〔大士〕이라 칭한다네

이와 같이 천만 가지 묘한 음성으로
찬탄하고는 묵연히 부처님을 우러러보며
해탈월보살이 금강장보살에게 말하기를
어떠한 행상으로 다음 지위에 듭니까

爾時 金剛藏菩薩 告解脫月菩薩言 佛子 菩薩摩訶薩 已具
足第五地 欲入第六現前地 當觀察十平等法 何等 爲十 所
謂一切法無相故 平等 無體故 平等 無生故 平等 無成故
平等 本來淸淨故 平等 無戲論故 平等 無取捨故 平等
寂靜故 平等 如幻如夢 如影如響 如水中月 如鏡中像 如
焰如化故 平等 有無不二故 平等

이때 금강장보살이 해탈월보살에게 말하였다.

"불자여, 보살마하살이 제5지를 구족하고 나서 제6 현전지에 들어가고자 한다면 열 가지 평등한 법을 관찰해야 합니다.

어떤 것을 열 가지라 합니까? 일체 법이 상이 없는 까닭으로 평등하고, 체(體)가 없는 까닭으로 평등하며, 남〔生〕이 없는 까닭으로 평등하고, 이루어짐이 없는 까닭으로 평등하며, 본래 청정한 까닭으로 평등하고, 희론*이 없는 까닭으로 평등하며, 취하고 버림이 없는 까닭으로 평등하고, 열반인 까닭으로 평등하며, 환과 같고 꿈과 같으며 그림자와 같고 메아리와 같으며 물 가운데 달과 같고 거울 가운데 형상과 같으며 불꽃과 같고 화한 것과 같은 까닭으로 평등하고, 있고 없음이 둘이 아닌 까닭으로 평등합니다.

菩薩 如是觀一切法自性淸淨 隨順無違 得入第六現前地
得明利隨順忍 未得無生法忍 佛子 此菩薩摩訶薩 如是觀
已 復以大悲爲首 大悲增上 大悲滿足 觀世間生滅 作是
念 世間受生 皆由着我 若離此着 則無生處 復作是念 凡
夫無智 執着於我 常求有無 不正思惟 起於妄行 行於邪
道 罪行福行不動行 積集增長

보살이 이와 같이 일체 법의 자성이 청정함을 관하고 수순하여 어김이 없어 제6 현전지에 들어가 명리수순인(明利隨順忍)*을 얻으나, 아직 무생법인(無生法忍)*은 얻지 못하였습니다.

불자여, 이 보살마하살이 이와 같이 관하고는 다시 대비를 으뜸으로 삼고, 대비를 더욱 더하며, 대비를 원만하게 구족하여서 세간의 나고 멸함을 관하여 이런 생각을 하기를 '세간에 태어나는 것은 모두 나라는 것에 집착함으로 말미암은 것이니, 만약 이 집착을 여의면 곧 태어날 곳도 없다.'라고 합니다.

다시 이런 생각을 하기를 '범부는 지혜가 없어서 나라는 집착으로 항상 있고 없음을 구하여 바른 사유를 하지 못하고, 허망한 행을 일으켜 삿된 도를 행하며, 죄행*과 복행*과 부동행*을 쌓기를 더욱 더하고,

於諸行中 植心種子 有漏有取 復起後有 生及老死 所謂
業爲田 識爲種 無明闇覆 愛水爲潤 我慢漑灌 見網增長
生名色芽 名色 增長 生五根 諸根 相對生觸 觸對生受 受
後希求生愛 愛增長生取 取增長生有 有生已 於諸趣中 起
五蘊身 名生 生已衰變 爲老 終歿 爲死

모든 행 가운데 마음의 종자를 심으니 샘〔漏〕도 있고 취함〔取〕도 있어 다시 뒤에 있을 태어남과 늙고 죽음을 일으킨다.

업은 밭이 되고 식(識)은 종자가 되며 무명으로 어둡게 덮이고, 애욕의 물로 적시며, 아만의 물을 대주고 견해의 그물이 더욱 더하여서 명색(名色)의 싹이 나니, 명색이 더욱 더하여 오근(五根)이 생기고, 모든 근이 상대하여 촉(觸)이 생기며, 촉이 상대하여 수(受)가 생기고, 수 뒤에는 바라고 구하여 애(愛)가 생기며, 애가 더욱 더하여 취(取)가 생기고, 취가 더욱 더하여 유(有)가 생기며, 유가 생기고는 모든 취(趣) 가운데 오온의 몸이 일어나는 것을 생(生)이라 이름하고, 생이 얼마되지 않아 변하고 쇠하는 것을 노(老)라 하며, 마침내 죽는 것을 사(死)라 한다.

於老死時 生諸熱惱 因熱惱故 憂愁悲歎衆苦皆集 此因緣
故 集 無有集者 任運而滅 亦無滅者 菩薩 如是隨順觀察
緣起之相 佛子 此菩薩摩訶薩 復作是念 於第一義諦 不了
故 名無明 所作業果 是行 行依止初心 是識 與識共生四
取蘊 爲名色 名色增長 爲六處 根境識三事和合 是觸 觸
共生有受 於受染着 是愛

늙고 죽을 때에 모든 뜨거운 번뇌가 천성이 되고, 뜨거운 번뇌로 인해 근심하고 걱정하며 슬퍼하고 탄식하는 온갖 괴로움이 다 모인다.

이는 인연으로 모인다지만 모인다는 것이 없고, 저절로 멸한다지만 멸한다는 것도 없다.'라고 합니다.

보살이 이와 같이 인연으로 일어나는 상을 수순하여 관찰합니다.

불자여, 이 보살마하살이 다시 이런 생각을 하기를 '제일가는 뜻의 진리를 알지 못하는 까닭으로 무명(無明)이라 이름하고, 지은 업과를 행(行)이라 하며, 행에 의지하는 첫 마음을 식(識)이라 하고, 식과 함께 생기는 사취온(四取蘊)*을 명색(名色)이라 하며, 명색이 더욱 더한 것을 육처(六處)라 하고, 육근과 육경과 육식의 세 가지가 화합한 것을 촉(觸)이라 하며, 촉과 함께 생기는 것을 수(受)라 하고, 수에 물들어 집착하는 것을 애(愛)라 하며,

愛增長 是取 取所起有漏業 爲有 從業起蘊 爲生 蘊熟
爲老 蘊壞 爲死 死時離別 愚迷貪戀 心胸煩悶 爲愁 涕泗
咨嗟 爲歎 在五根 爲苦 在意地 爲憂 憂苦轉多 爲惱 如
是但有苦樹增長 無我無我所 無作無受者 復作是念 若有
作者 則有作事 若無作者 亦無作事 第一義中 俱不可得

애가 더욱 더한 것을 취(取)라 하고, 취로 일으킨 유루의 업을 유(有)라 하며, 업으로부터 오온을 일으키는 것을 생(生)이라 하고, 오온이 성숙하는 것을 노(老)라 하고, 오온이 무너지는 것을 사(死)라 한다.

죽을 때 이별함에 우매하여 탐내고 그리워하여서 가슴에 번민하는 것을 슬픔이라 하고, 눈물을 흘리며 슬퍼하는 것을 탄식이라 하며, 오근에 있어서는 괴로움이라 하고, 뜻의 바탕에 있어서는 근심이라 하며, 근심과 괴로움이 점점 많아지면 번뇌라 한다.

이와 같이 다만 괴로움이라는 나무가 있어 더욱 자라지만, 나라는 것도 없고 나의 곳이라는 것도 없으며, 짓는 이도 없고 받는 이도 없다.'라고 합니다.

다시 이런 생각을 하기를 '만약 짓는 이가 있으면 곧 짓는 일이 있을 것이고, 만약 짓는 이가 없으면 또한 짓는 일도 없을 것이니, 제일가는 뜻[第一義] 가운데에서는 모두 얻을 수 없는 것이다.'라고 합니다.

佛子 此菩薩摩訶薩 復作是念 三界所有 唯是一心 如來
於此 分別演說 十二有支 皆依一心 如是而立 何以故 隨
事貪欲 與心共生 心是識 事是行 於行迷惑 是無明 與無
明及心共生 是名色 名色增長 是六處 六處三分合 爲觸
觸共生 是受 受無厭足 是愛 愛攝不捨 是取 彼諸有支生
是有 有所起 名生 生熟 爲老 老壞 爲死

불자여, 이 보살마하살이 다시 이런 생각을 하기를 '삼계에 있는 바가 오직 이 온통인 마음뿐이나 여래께서 이에 십이연기〔十二有支〕로 분별하여 널리 펴 설하시니, 모두 온통인 마음을 의지하여 이와 같이 세운 것이다.

무슨 까닭인가? 일을 따라 탐욕이 마음과 함께 생기니, 마음은 식이고, 일은 행이며, 미혹함을 행하는 것이 무명이고, 무명과 더불어 마음이 함께 생기는 것이 명색이며, 명색이 더욱 더한 것이 육처이고, 육처의 세 부분을 합한 것이 촉이며, 촉과 함께 생기는 것이 수이고, 수를 싫어함이 없는 것이 애이며, 애를 거두어서 버리지 않는 것이 취이고, 저 모든 유지(有支)*가 생기는 것이 유이며, 유가 일어난 것을 생이라 이름하고, 생이 성숙한 것을 노라 하며, 늙어서 무너지는 것을 사라 한다.'라고 합니다.

佛子 此中無明 有二種業 一 令衆生 迷於所緣 二 與行作
生起因 行亦有二種業 一 能生未來報 二 與識作生起因
識亦有二種業 一 令諸有相續 二 與名色作生起因 名色
亦有二種業 一 互相助成 二 與六處作生起因 六處 亦有
二種業 一 各取自境界 二 與觸作生起因

불자여, 이 가운데 무명에 두 가지 업이 있으니, 첫째는 중생들로 하여금 반연한 바에 미혹하게 하는 것이고, 둘째는 행이 생기(生起)*하는 인(因)을 짓는 것입니다.

행에도 또한 두 가지 업이 있으니, 첫째는 미래에 과보를 내는 것이고, 둘째는 식이 생기하는 인을 짓는 것입니다.

식에도 또한 두 가지 업이 있으니, 첫째는 모든 유루의 세계로 하여금 서로 이어지게 하는 것이고, 둘째는 명색이 생기하는 인을 짓는 것입니다.

명색에도 또한 두 가지 업이 있으니, 첫째는 서로 도와서 이루게 하는 것이고, 둘째는 육처가 생기하는 인을 짓는 것입니다.

육처에도 또한 두 가지 업이 있으니, 첫째는 각각 스스로의 경계를 취하는 것이고, 둘째는 촉이 생기하는 인을 짓는 것입니다.

觸亦有二種業 一 能觸所緣 二 與受作生起因 受亦有二
種業 一 能領受愛憎等事 二 與愛作生起因 愛亦有二種
業 一 染着可愛事 二 與取作生起因 取亦有二種業 一 令
諸煩惱相續 二 與有作生起因 有亦有二種業 一 能令於
餘趣中生 二 與生作生起因

촉에도 또한 두 가지 업이 있으니, 첫째는 반연한 바에 닿는 것이고, 둘째는 수가 생기하는 인을 짓는 것입니다.

수에도 또한 두 가지 업이 있으니, 첫째는 사랑하고 미워하는 등의 일을 받아들이는 것이고, 둘째는 애가 생기하는 인을 짓는 것입니다.

애에도 또한 두 가지 업이 있으니, 첫째는 사랑하는 일에 물들어 집착하는 것이고, 둘째는 취가 생기하는 인을 짓는 것입니다.

취에도 또한 두 가지 업이 있으니, 첫째는 모든 번뇌가 서로 이어지게 하는 것이고, 둘째는 유가 생기하는 인을 짓는 것입니다.

유에도 또한 두 가지 업이 있으니, 첫째는 다른 취(趣) 가운데 나게 하는 것이고, 둘째는 생이 생기하는 인을 짓는 것입니다.

生亦有二種業 一 能起諸蘊 二 與老作生起因 老亦有二種業 一 令諸根變異 二 與死作生起因 死亦有二種業 一 能壞諸行 二 不覺知故 相續不絶 佛子 此中無明緣行 乃至生緣老死者 由無明乃至生爲緣 令行乃至老死不斷 助成故

생에도 또한 두 가지 업이 있으니, 첫째는 모든 온을 일으키는 것이고, 둘째는 노가 생기하는 인을 짓는 것입니다.

노에도 또한 두 가지 업이 있으니, 첫째는 모든 근이 변하여 달라지게 하는 것이고, 둘째는 사가 생기하는 인을 짓는 것입니다.

사에도 또한 두 가지 업이 있으니, 첫째는 모든 행을 무너뜨리는 것이고, 둘째는 이미 지나간 것을 깨달아 알지 못하는 데서 서로 이어져 끊이지 않는 것입니다.

불자여, 이 가운데 무명이 행을 반연하고 더 나아가서 생이 노사를 반연하는 것은, 무명과 더 나아가서 생이 반연함으로 말미암아 행과 더 나아가서 노사가 끊이지 않게 하여서 조성되는 까닭입니다.

無明滅則行滅 乃至生滅則老死滅者 由無明乃至生不爲緣
令諸行乃至老死 斷滅不助成故 佛子 此中 無明愛取不斷
是煩惱道 行有不斷 是業道 餘分不斷 是苦道 前後際分
別 滅 三道斷 如是三道 離我我所 但有生滅 猶如束蘆

무명이 멸하면 곧 행이 멸하고 더 나아가서 생이 멸하면 곧 노사가 멸하는 것은, 무명과 더 나아가서 생이 반연하지 않음으로 말미암아 모든 행과 더 나아가서 노사가 끊어져 멸하여서 조성되지 않는 까닭입니다.

　불자여, 이 가운데 무명과 애와 취가 끊어지지 않는 것은 번뇌의 도이고, 행과 유가 끊어지지 않는 것은 업의 도이며, 나머지 부분이 끊어지지 않는 것은 괴로움의 도입니다.

　과거와 미래라는 분별이 멸하면 세 가지 도〔三道〕*가 끊어지니, 이와 같은 세 가지 도가 나와 나의 곳을 여의었으므로 다만 나고 멸함이 있는 것은 마치 묶어놓은 갈대와 같습니다.

復次無明緣行者 是觀過去 識乃至受 是觀現在 愛乃至有
是觀未來 於是以後 展轉相續 無明滅行滅者 是觀待斷
復次十二有支 名爲三苦 此中無明行 乃至六處 是行苦 觸
受 是苦苦 餘是壞苦 無明滅行滅者 是三苦斷 復次無明
緣行者 無明因緣 能生諸行 無明滅行滅者 以無無明 諸
行亦無 餘亦如是

또 무명이 행을 반연하는 것은 과거를 관함이고, 식과 더 나아가서 수는 현재를 관함이며, 애와 더 나아가서 유는 미래를 관함이니, 이 이후로 점점 서로 이어집니다.

무명이 멸하면 행이 멸하는 것은 관대(觀待)*마저 끊어지는 것입니다.

또 십이연기〔十二有支〕를 세 가지 괴로움이라 이름하니, 이 가운데 무명과 행과 더 나아가서 육처는 변천함의 괴로움〔行苦〕이고, 촉과 수는 고통스러움의 괴로움〔苦苦〕이며, 나머지는 무너짐의 괴로움〔壞苦〕이어서 무명이 멸하면 행이 멸하는 것은 이 세 가지 괴로움마저 끊어지는 것입니다.

또 무명이 행을 반연하는 것은 무명이 인연이 되어 모든 행을 내는 것이고, 무명이 멸하면 행이 멸하는 것은 무명이 없으면 모든 행도 또한 없는 것이니, 나머지도 또한 이와 같습니다.

又無明緣行者 是生繫縛 無明滅行滅者 是滅繫縛 餘亦如
是 又無明緣行者 是隨順無所有觀 無明滅行滅者 是隨順
盡滅觀 餘亦如是 佛子 菩薩摩訶薩 如是十種逆順 觀諸
緣起 所謂有支相續故 一心所攝故 自業差別故 不相捨離
故 三道不斷故 觀過去現在未來故 三苦聚集故 因緣生滅
故 生滅繫縛故 無所有盡觀故

또 무명이 행을 반연하는 것은 얽매임이 생기는 것이고, 무명이 멸하면 행이 멸하는 것은 얽매임이 멸하는 것이니, 나머지도 또한 이와 같습니다.

또 무명이 행을 반연하는 것은 있는 바 없음을 관하여 수순하는 것이고, 무명이 멸하면 행이 멸하는 것은 다 멸함을 관하여 수순하는 것이니, 나머지도 또한 이와 같습니다.

불자여, 보살마하살이 이와 같이 열 가지 역순(逆順)으로 모든 연기를 관하니, 유지(有支)가 서로 이어지는 까닭이고, 한 마음에 포섭된 까닭이며, 자신의 업이 차별되는 까닭이고, 서로 여의거나 버리지 않는 까닭이며, 세 가지 도가 끊어지지 않는 까닭이고, 과거와 현재와 미래를 관하는 까닭이며, 세 가지 괴로움의 무더기가 모이는 까닭이고, 인연으로 나고 멸하는 까닭이며, 얽매임이 생기고 멸하는 까닭이고, 있는 바 없음과 멸함을 관하는 까닭입니다.

佛子 菩薩摩訶薩 以如是十種相 觀諸緣起 知無我無人無
壽命 自性空 無作者無受者 卽得空解脫門現在前 觀諸有
支 皆自性滅 畢竟解脫 無有少法相生 卽時 得無相解脫門
現在前 如是入空無相已 無有願求 唯除大悲爲首 敎化衆
生 卽時 得無願解脫門現在前 菩薩 如是修三解脫門 離
彼我想 離作者受者想 離有無想

불자여, 보살마하살이 이와 같은 열 가지 상으로써 모든 연기를 관하니, 아도 없고 인도 없고 수명도 없고 자체 성품이 공하여 짓는 이도 없고 받는 이도 없음을 알아 곧 공해탈문(空解脫門)*이 목전에 나타남을 얻습니다.

모든 유지(有支)가 다 자체 성품이 멸하여 구경에 해탈하고, 적은 법도 서로 남이 없음을 관하여서 곧 무상해탈문(無相解脫門)*이 목전에 나타남을 얻습니다.

이와 같이 공하여 상 없음에 들어가서는 구하기를 원하는 것이 없고 오직 대비를 으뜸으로 삼아 중생을 교화할 뿐이어서 곧 무원해탈문(無願解脫門)*이 목전에 나타남을 얻습니다.

보살이 이와 같이 삼해탈문(三解脫門)*을 닦으면 나와 남이라는 생각을 여의고, 짓는 이라거나 받는 이라는 생각을 여의며, 있다거나 없다 하는 생각까지도 여읩니다.

佛子 此菩薩摩訶薩 大悲轉增 精勤修習 爲未滿菩提分法
令圓滿故 作是念 一切有爲 有和合則轉 無和合則不轉
緣集則轉 緣不集則不轉 我如是知有爲法 多諸過患 當斷
此和合因緣 然爲成就衆生故 亦不畢竟滅於諸行 佛子 菩
薩 如是觀察有爲 多諸過患 無有自性 不生不滅 而恒起大
悲 不捨衆生 卽得般若波羅蜜現前 名無障礙智光明

불자여, 이 보살마하살이 대비를 점점 더하여 부지런히 닦아 익히니, 아직 원만하지 못한 보리분법을 원만하게 하려는 까닭으로 이런 생각을 하기를 '일체 유위가 화합하면 곧 구르고 화합하지 않으면 곧 구르지 않으며, 인연이 모이면 곧 구르고 인연이 모이지 않으면 곧 구르지 않는다.

내가 유위법이라는 것이 이와 같이 모든 허물과 근심이 많은 것임을 알아 이 화합하는 인연을 끊을 것이나, 중생을 성취하기 위한 까닭으로 또한 필경에는 모든 행을 멸하지 않으리라.'라고 합니다.

불자여, 보살이 이와 같이 유위법이라는 것이 모든 허물과 근심이 많으나 자체 성품이 없어 나는 것도 아니고 멸하는 것도 아님을 관찰하여서 항상 대비를 일으켜 중생을 버리지 않으면 곧 반야바라밀이 목전에 나타남을 얻으니, 장애함이 없는 지혜의 광명이라 이름합니다.

成就如是智光明已 雖修習菩提分因緣 而不住有爲中 雖
觀有爲法自性寂滅 亦不住寂滅中 以菩提分法 未圓滿故
佛子 菩薩 住此現前地 得入空三昧 自性空三昧 第一義空
三昧 第一空三昧 大空三昧 合空三昧 起空三昧 如實不
分別空三昧 不捨離空三昧 離不離空三昧 此菩薩 得如是
十空三昧門爲首 百千空三昧 皆悉現前 如是十無相十無
願三昧門爲首 百千無相無願三昧門 皆悉現前

이와 같은 지혜의 광명을 성취하고 나서 비록 보리분법의 인연을 닦아 익히면서도 유위 가운데 머물지 않고, 비록 유위법의 자체 성품이 적멸함을 관하면서도 적멸한 가운데 머물지 않으니, 보리분법이 아직 원만하지 못한 까닭입니다.

불자여, 보살이 이 현전지에 머물러 공한 삼매와 자성이 공한 삼매와 제일가는 뜻이 공한 삼매와 제일 공한 삼매와 크게 공한 삼매와 합함이 공한 삼매와 일어남이 공한 삼매와 여실하여 분별하지 않음이 공한 삼매와 여의어 버리지 않음이 공한 삼매와 여의고 여의지 않음이 공한 삼매에 들어감을 얻습니다.

이 보살이 이와 같은 열 가지 공한 삼매문을 얻는 것을 으뜸으로 삼아 백천 가지 공한 삼매가 모두 다 목전에 나타나고, 이와 같은 열 가지 상이 없음과 열 가지 원이 없는 삼매문을 으뜸으로 삼아 백천 가지 상이 없고 원이 없는 삼매문이 모두 다 목전에 나타납니다.

佛子 菩薩 住此現前地 復更修習滿足不可壞心 決定心
純善心 甚深心 不退轉心 不休息心 廣大心 無邊心 求智
心 方便慧相應心 皆悉圓滿 佛子 菩薩 以此十心 順佛菩
提 不懼異論 入諸智地 離二乘道 趣於佛智 諸煩惱魔 無
能沮壞 住於菩薩智慧光明 於空無相無願法中 皆善修習
方便智慧 恒共相應 菩提分法 常行不捨

불자여, 보살이 이 현전지에 머물러 다시 무너뜨릴 수 없는 마음과 결정한 마음과 순수하고 착한 마음과 매우 깊은 마음과 퇴전하지 않는 마음과 쉬지 않는 마음과 광대한 마음과 끝이 없는 마음과 지혜를 구하는 마음과 방편의 지혜와 상응하는 마음을 닦아 익혀서 만족하여 모두 원만하게 합니다.

불자여, 보살이 이 열 가지 마음으로써 부처님의 보리를 따르니 다른 논리를 두려워하지 않고, 모든 지혜의 지위에 들어가니 이승의 도를 여의며, 부처님의 지혜에 나아가니 모든 번뇌의 마군이 무너뜨리지 못하고, 보살의 지혜 광명에 머무르니 공하여 상이 없고 원이 없는 법 가운데 모두 잘 닦아 익히며, 방편의 지혜와 항상 함께 상응하니 보리분법을 항상 행하여 버리지 않습니다.

佛子 菩薩 住此現前地中 得般若波羅蜜行增上 得第三明
利順忍 以於諸法如實相隨順無違故 佛子 菩薩 住此現前
地已 以願力故 得見多佛 所謂見多百佛 乃至見多百千億
那由他佛 悉以廣大心深心 供養恭敬 尊重讚歎 衣服飲食
臥具湯藥 一切資生 悉以奉施 亦以供養一切衆僧 以此善
根 廻向阿耨多羅三藐三菩提 於諸佛所 恭敬聽法 聞已受
持 得如實三昧智慧光明 隨順修行 憶持不捨

불자여, 보살이 이 현전지 가운데 머물러 반야바라밀 행을 더하여서 제3의 명리수순인(明利順忍)을 얻는 것은 모든 법의 여실한 상을 수순함으로써 어김이 없는 까닭입니다.

불자여, 보살이 이 현전지에 머물러서는 원력으로 수많은 부처님을 친견하니, 수백의 부처님을 친견하고, 더 나아가서 수백천억 나유타 수의 부처님을 친견합니다.

광대한 마음과 깊은 마음으로써 모두 공양 올리고 공경하며 존중하고 찬탄하니, 의복과 음식과 와구와 탕약과 일체 생활에 필요한 물건을 다 받들어 보시하고, 또한 일체 대중 스님에게 공양 올려서 이 선근으로 아뇩다라삼먁삼보리에 회향합니다.

모든 부처님 처소에서 공경히 법을 듣고, 듣고서는 받아 지녀 여실한 삼매와 지혜의 광명을 얻어서 수순하고 닦아 행하며 기억하여 버리지 않습니다.

又得諸佛甚深法藏 經於百劫 經於千劫 乃至無量百千億
那由他劫 所有善根 轉更明淨 譬如眞金 以毘琉璃寶 數數
磨瑩 轉更明淨 此地菩薩 所有善根 亦復如是 以方便慧
隨逐觀察 轉更明淨 轉復寂滅 無能映蔽 譬如月光 照衆生
身 令得淸涼 四種風輪 所不能壞 此地菩薩 所有善根 亦
復如是 能滅無量百千億那由他衆生 煩惱熾火 四種魔道
所不能壞

또 모든 부처님의 매우 깊은 법의 보배장을 얻어서 백 겁을 지나고 천 겁을 지나며 더 나아가서 무량 백천억 나유타 수의 겁을 지나면서 모든 선근이 점점 더 밝고 깨끗해집니다.

비유하면 진금을 비류리*보배로써 자주 빛나게 갈고 닦으면 점점 더 밝고 깨끗해지는 것과 같이, 이 지위의 보살의 모든 선근도 또한 다시 이와 같아서 방편 지혜로 따르고 관찰하면 점점 더 밝고 깨끗해지니 더욱 적멸하여 가려 덮을 수 없습니다.

비유하면 달 광명이 중생의 몸을 비추어 청량하게 하니 네 가지 풍륜*으로는 무너뜨릴 수 없는 것과 같이, 이 지위의 보살의 모든 선근도 또한 다시 이와 같아서 무량 백천억 나유타 수의 중생의 타오르는 번뇌의 불을 멸하니 네 가지 마군의 도*로는 무너뜨릴 수 없습니다.

此菩薩 十波羅蜜中 般若波羅蜜 偏多 餘非不修 但隨力隨
分 佛子 是名略說菩薩摩訶薩 第六現前地 菩薩 住此地
多作善化天王 所作自在 一切聲聞 所有問難 無能退屈 能
令衆生 除滅我慢 深入緣起 布施愛語利行同事 如是一切
諸所作業 皆不離念佛 乃至不離念具足一切種 一切智智

이 보살이 십바라밀 가운데 반야바라밀이 치우치게 많고, 나머지를 닦지 않는 것은 아니지만 다만 힘을 따르고 분을 따릅니다.

불자여, 이것을 보살마하살의 제6 현전지를 간략히 설한 것이라 이름합니다.

보살이 이 지위에 머물러 흔히 선화천왕이 되어 짓는 바를 자재하니, 일체 성문의 모든 어려운 질문으로도 굴복시킬 수 없으며 중생들로 하여금 아만을 없애어 연기에 깊이 들어가게 합니다.

보시와 애어와 이행과 동사, 이와 같이 일체 모든 짓는 업은 다 부처님을 생각하는 것을 여의지 않고, 더 나아가서 일체종과 일체지의 지혜를 구족하려는 생각을 여의지 않는 것입니다.

復作是念 我當於一切衆生中 爲首 爲勝 乃至爲一切智智
依止者 此菩薩 若勤行精進 於一念頃 得百千億三昧 乃
至示現百千億菩薩 以爲眷屬 若以願力 自在示現 過於此
數 乃至百千億那由他劫 不能數知

다시 이런 생각을 하기를 '내가 마땅히 일체 중생 가운데 으뜸이 되고, 뛰어남이 되며, 더 나아가서 일체지의 지혜에 의지하는 이가 되리라.'라고 합니다.

이 보살이 만약 부지런히 정진을 행하면 온통인 생각으로 백천억 삼매를 얻고, 더 나아가서 백천억 보살을 나타내 보여 권속으로 삼습니다.

만약 원력으로 자재하게 나타내 보이면, 이 수를 지나 더 나아가서 백천억 나유타 수의 겁 동안 세어도 알 수 없습니다."

爾時 金剛藏菩薩 欲重宣其義 而說頌曰

菩薩圓滿五地已
觀法無相亦無性
無生無成本淸淨
無有戲論無取捨

體相寂滅如幻等
有無不二離分別
隨順法性如是觀
此智得成入六地

이때 금강장보살이 그 뜻을 거듭 펴고자 게송으로 말하였다.

　　보살이 제5지를 원만하게 하고 나서
　　법을 관하니 상도 없고 또한 성품도 없으며
　　남도 없고 이루어짐도 없으며 본래 청정하고
　　희론도 없으며 취하거나 버림도 없고

　　체상*이 적멸하며 환과 같고
　　있고 없음이 둘이 아니어서 분별을 여의니
　　법의 성품을 수순하여 이와 같이 관하면
　　이 지혜로 이루어 제6지에 들어가네

明利順忍智具足
觀察世間生滅相
以癡闇力世間生
若滅癡闇世無有

觀諸因緣實義空
不壞假名和合用
無作無受無思念
諸行如雲遍興起

不知眞諦名無明
所作思業愚癡果
識起共生是名色
如是乃至衆苦聚

명리수순인의 지혜를 구족하여
세간의 나고 멸하는 상을 관찰하니
어두운 어리석음의 힘으로 세간이 생기지만
만약 어두운 어리석음을 멸하면 세간도 없어지네

모든 인연을 관하니 실다운 이치가 공하다 하나
거짓된 이름과 화합의 작용이 무너지지 않되
지음도 없고 받음도 없으며 생각함도 없는 데에서
모든 행이 구름과 같이 두루 일어난 것일 뿐이네

참다운 진리를 알지 못하는 것을 무명이라 이름하고
생각으로 지은 업과 어리석음의 과보로
식이 일어남과 함께 생겨난 것이 명색이니
이와 같이 온갖 괴로움의 무더기에 이르르네

了達三界依心有
十二因緣亦復然
生死皆由心所作
心若滅者生死盡

無明所作有二種
緣中不了爲行因
如是乃至老終歿
從此苦生無有盡

無明爲緣不可斷
彼緣若盡悉皆滅
愚癡愛取煩惱支
行有是業餘皆苦

삼계가 마음을 의지해 있음을 밝게 통달하고
십이인연도 또한 다시 그러하니
생사가 다 마음으로 지은 바여서
만약 마음이 멸하면 생사도 다하네

무명이 짓는 바에 두 가지가 있어
반연 가운데 밝지 못함이 행의 인(因)이 되고
이와 같이 더 나아가 늙어서 마침내 죽게 되니
이로부터 괴로움이 생겨 다함이 없네

무명을 반연하면 끊어지지 않으나
저 반연함이 만약 다하면 모두 다 멸하니
어리석음과 애와 취는 번뇌의 갈래이고
행과 유는 업이며 나머지는 다 괴로움이네

癡至六處是行苦
觸受增長是苦苦
所餘有支是壞苦
若見無我三苦滅

無明與行爲過去
識至於受現在轉
愛取有生未來苦
觀待若斷邊際盡

無明爲緣是生縛
於緣得離縛乃盡
從因生果離則斷
觀察於此知性空

어리석음에서 육처에 이르름은 변천함의 괴로움이고
촉과 수가 더욱 더함은 고통스러움의 괴로움이요
나머지 유지는 무너짐의 괴로움이니
만약 무아(無我)*가 드러나면 세 가지 괴로움도 멸하네

무명과 행은 과거가 되고
식에서 수까지는 현재가 되며
애와 취와 유와 생은 미래의 괴로움이지만
관대마저 만약 끊으면 끝을 다함일세

무명을 반연하면 얽매임이 생기고
반연을 여의면 얽매임이 다하며
인(因)으로부터 과(果)가 생기니 여의면 곧 끊어지므로
이것을 관찰하여 성품이 공함을 아네

隨順無明起諸有
若不隨順諸有斷
此有彼有無亦然
十種思惟心離着

有支相續一心攝
自業不離及三道
三際三苦因緣生
繫縛起滅順無盡

如是普觀緣起行
無作無受無眞實
如幻如夢如光影
亦如愚夫逐陽焰

무명을 수순하면 모든 유루의 세계가 일어나고
만약 수순하지 않으면 모든 유루의 세계가 없어지며
이것이 있어 저것이 있으니 없음 또한 그와 같아서
열 가지 사유하는 마음으로 집착을 여의네

유지가 서로 이어짐과 한 마음에 포섭됨과
자신의 업과 여의지 않음과 세 가지 도와
삼세와 세 가지 괴로움과 인연으로 생김과
얽매임이 일어나고 멸함, 없음과 멸함을 따르는 것이네

이와 같은 연기의 행을 두루 관하니
지음도 없고 받음도 없고 참답고 실다움도 없으며
환과 같고 꿈과 같고 그림자와 같아서
마치 어리석은 사람이 아지랑이를 쫓음과 같네

如是觀察入於空
知緣性離得無相
了其虛妄無所願
唯除慈愍爲衆生

大士修行解脫門
轉益大悲求佛法
知諸有爲和合作
志樂決定勤行道

空三昧門具百千
無相無願亦復然
般若順忍皆增上
解脫智慧得成滿

이와 같이 관찰하여 공에 들어가서
반연의 성품을 여읨을 알아 상이 없음을 깨달으면
그 허망함을 알아서 원하는 바가 없다 하지만
오직 중생을 사랑하여 불쌍히 여김만은 제외하네

보살〔大士〕이 해탈문을 닦아 행하고
대비를 더욱 더하여 불법을 구하며
모든 유루의 세계는 화합으로 지음인 줄 알아서
결단코 뜻의 즐거움으로 부지런히 도를 행하네

백천의 공삼매문을 갖추고
상이 없음과 원이 없음도 또한 그와 같아서
반야와 수순인〔順忍〕을 모두 점차 더하니
해탈과 지혜가 원만히 이루어지네

復以深心多供佛
於佛敎中修習道
得佛法藏增善根
如金琉璃所磨瑩

如月淸涼被衆物
四風來觸無能壞
此地菩薩超魔道
亦息群生煩惱熱

此地多作善化王
化導衆生除我慢
所作皆求一切智
悉已超勝聲聞道

다시 깊은 마음으로 수많은 부처님께 공양 올리고
부처님의 가르침 가운데 도를 닦아 익혀서
불법의 보배장을 얻어 선근을 더함이
마치 금을 유리로 빛나게 갈고 닦는 것과 같네

마치 달의 청량함이 온갖 만물에 미쳐
네 가지 바람이 와서 닿아도 무너뜨릴 수 없는 것과 같이
이 지위의 보살도 마군의 도를 뛰어넘으니
또한 중생의 번뇌의 열기를 식히네

이 지위에서는 흔히 선화천왕이 되어서
중생을 교화하고 인도하여 아만을 없애고
짓는 바 모두가 일체의 지혜를 구함이니
모두 이미 성문의 도를 뛰어넘었네

此地菩薩勤精進
獲諸三昧百千億
亦見若干無量佛
譬如盛夏空中日

甚深微妙難見知
聲聞獨覺無能了
如是菩薩第六地
我爲佛子已宣說

이 지위의 보살이 부지런히 정진하면
백천억의 모든 삼매를 얻고
또한 여러 한량없는 부처님을 친견하니
비유하면 한 여름 허공 가운데 태양과 같네

매우 깊고 미묘해서 보고 알기 어려워
성문이나 독각으로서는 알 수 없으니
이와 같은 보살의 제6지를
내가 불자들을 위해 널리 펴 설하였네

是時天衆心歡喜
散寶成雲在空住
普發種種妙音聲
告於最勝淸淨者

了達勝義智自在
成就功德百千億
人中蓮華無所着
爲利群生演深行

自在天王在空中
放大光明照佛身
亦散最上妙香雲
普供除憂煩惱者

7) 제7 원행지(遠行地)*

이때 천상의 대중들이 환희하는 마음으로
보배를 흩뿌려서 구름을 이루고 허공에 머물러
갖가지 묘한 음성을 두루 내어서
가장 수승하고 청정한 이에게 알리네

뛰어난 뜻을 밝게 통달하여 지혜를 자재하고
백천억 공덕을 성취하여
집착하는 바가 없어 사람 가운데 연꽃이라
중생을 이롭게 하기 위해 깊은 행을 널리 편다네

자재천왕이 허공 가운데 있어
큰 광명을 놓아 부처님의 몸을 비추고
또한 최상의 묘한 향구름을 흩뿌려
근심과 번뇌를 없애는 이에게 널리 공양 올리네

爾時天衆皆歡喜
悉發美音同讚述
我等聞斯地功德
則爲已獲大善利

天女是時心慶悅
競奏樂音千萬種
悉以如來神力故
音中共作如是言

威儀寂靜最無比
能調難調世應供
已超一切諸世間
而行於世闡妙道

이때 천상의 대중들이 모두 환희하여
아름다운 음성을 내어 함께 찬탄하기를
우리들은 이 지위의 공덕을 듣고
곧 크고 훌륭한 이익을 얻었네

이때에 천녀들도 마음으로 기뻐하면서
천만 가지 즐거운 음악을 다투어 연주하며
모두 여래의 위신력으로써
음악 가운데 함께 이와 같이 말하기를

위의가 적정하고 더없이 견줄 바 없으며
조복하기 어려운 것을 조복한 세간의 공양 받을 만한 이가
일체 모든 세간을 이미 초월하여
세간에 다니면서 묘한 도를 밝히네

雖現種種無量身
知身一一無所有
巧以言辭說諸法
不取文字音聲相

往詣百千諸國土
以諸上供供養佛
智慧自在無所着
不生於我佛國想

雖勤教化諸衆生
而無彼己一切心
雖已修成廣大善
而於善法不生着

비록 갖가지 한량없는 몸을 나타내되
낱낱의 몸이 있는 바가 없음을 알고
공교로운 말로써 모든 법을 설하지만
문자와 음성의 상을 취한 적이 없네

백천의 모든 국토에 나아가
모든 훌륭한 공양으로 부처님께 공양 올리되
지혜를 자재하여 집착하는 바가 없어서
나의 불국토라는 생각을 내지 않네

비록 모든 중생을 부지런히 교화하지만
남이라 하거나 나라 하는 일체 마음이 없고
비록 이미 광대한 선근을 닦아 이루었지만
착한 법에도 집착을 내지 않네

以見一切諸世間
貪恚癡火常熾然
於諸想念悉皆離
發起大悲精進力

一切諸天及天女
種種供養稱讚已
悉共同時默然住
瞻仰人尊願聞法

時解脫月復請言
此諸大衆心淸淨
第七地中諸行相
唯願佛子爲宣說

일체의 모든 세간에서
탐진치의 불이 항상 타오르는 것을 보고
모든 생각을 다 여의어
대비의 정진력을 일으키네

일체의 모든 천상과 천녀가
갖가지로 공양 올리며 찬탄하고는
다 함께 동시에 묵연히 머물러
존귀한 분을 우러러보며 법문 듣기를 원하네

이때 해탈월보살이 다시 청해 말하기를
이 모든 대중의 마음이 청정하니
오직 원하건대 제7지 가운데 모든 행상을
불자께서 널리 펴 설하여 주소서

爾時 金剛藏菩薩 告解脫月菩薩言 佛子 菩薩摩訶薩 具
足第六地行已 欲入第七遠行地 當修十種方便慧 起殊勝
道 何等 爲十 所謂雖善修空無相無願三昧 而慈悲不捨衆
生 雖得諸佛平等法 而樂常供養佛 雖入觀空智門 而勤集
福德 雖遠離三界 而莊嚴三界 雖畢竟寂滅諸煩惱焰 而能
爲一切衆生 起滅貪瞋癡煩惱焰 雖知諸法 如幻如夢

이때 금강장보살이 해탈월보살에게 말하였다.

"불자여, 보살마하살이 제6지의 행을 구족하고 나서 제7 원행지에 들어가고자 한다면 열 가지 방편의 지혜를 닦아서 수승한 도를 일으켜야 하니, 어떤 것을 열 가지라 합니까?

비록 공하여 상이 없고 원이 없는 삼매를 잘 닦지만 자비로 중생을 버리지 않고, 비록 모든 부처님의 평등한 법을 얻지만 항상 부처님께 공양 올리기를 즐거워하며, 비록 공함을 관하는 지혜의 문에 들어가지만 복덕을 부지런히 모으고, 비록 삼계를 멀리 여의지만 삼계를 장엄하며, 비록 모든 번뇌의 불꽃이 끝내 적멸하지만 일체 중생을 위하여 소멸된 탐진치와 번뇌의 불꽃을 일으키고, 비록 모든 법이 환과 같고 꿈과 같으며

如影如響 如焰如化 如水中月 如鏡中像 自性無二 而隨心
作業 無量差別 雖知一切國土 猶如虛空 而能以清淨妙行
莊嚴佛土 雖知諸佛法身 本性無身 而以相好 莊嚴其身
雖知諸佛音聲 性空寂滅 不可言說 而能隨一切衆生 出種
種差別清淨音聲 雖隨諸佛 了知三世 唯是一念 而隨衆生
意解分別 以種種相 種種時 種種劫數 而修諸行

그림자와 같고 메아리와 같으며 아지랑이와 같고 화한 것과 같으며 물 가운데 달과 같고 거울 가운데 형상과 같아서 자성에는 두 가지가 없음을 알지만 마음을 따라 짓는 업의 차별이 한량없으며, 비록 일체 국토가 마치 허공과 같음을 알지만 청정하고 묘한 행으로 불국토를 장엄하고, 비록 모든 부처님의 법신의 근본 성품에는 몸이 없는 줄 알지만 상호로 그 몸을 장엄하며, 비록 모든 부처님의 음성은 성품이 공하고 적멸하여 말로 설할 수 없음을 알지만 일체 중생을 따라서 갖가지 차별된 청정한 음성을 내고, 비록 모든 부처님을 따라 삼세가 오직 온통인 생각임을 밝게 알지만 중생들의 뜻과 이해와 분별을 따라 갖가지 상과 갖가지 때와 갖가지 겁의 수로써 모든 행을 닦습니다.

菩薩 以如是十種方便慧 起殊勝行 從第六地 入第七地
入已 此行 常現在前 名爲住第七遠行地 佛子 菩薩摩訶
薩 住此第七地已 入無量衆生界 入無量諸佛敎化衆生業
入無量世界網 入無量諸佛淸淨國土 入無量種種差別法
入無量諸佛現覺智 入無量劫數 入無量諸佛覺了三世智
入無量衆生差別信解 入無量諸佛示現種種名色身

보살이 이와 같은 열 가지 방편 지혜로 수승한 행을 일으켜서 제6지로부터 제7지에 들어가고, 들어가서는 이 행이 항상 목전에 나타나 있는 것을 제7 원행지에 머무는 것이라 이름합니다.

불자여, 보살마하살이 이 제7지에 머물러서는 한량 없는 중생계에 들어가고, 한량없는 모든 부처님의 중생을 교화하는 업에 들어가며, 한량없는 세계 그물에 들어가고, 한량없는 모든 부처님의 청정한 국토에 들어가며, 한량없는 갖가지 차별된 법에 들어가고, 한량없는 모든 부처님께서 나타내신 깨달음의 지혜에 들어가며, 한량없는 겁의 수에 들어가고, 한량없는 모든 부처님의 삼세를 깨달아 마치는 지혜에 들어가며, 한량없는 중생의 차별된 믿음과 이해에 들어가고, 한량없는 모든 부처님께서 나타내 보이신 갖가지 명호와 색신에 들어가며,

入無量衆生欲樂諸根差別 入無量諸佛語言音聲 令衆生歡喜 入無量衆生種種心行 入無量諸佛了知廣大智 入無量聲聞乘信解 入無量諸佛 說智道 令信解 入無量辟支佛所成就 入無量諸佛 說甚深智慧門 令趣入 入無量諸菩薩方便行 入無量諸佛所說大乘集成事 令菩薩得入 此菩薩 作是念 如是無量如來境界 乃至於百千億那由他劫 不能得知 我悉應以無功用無分別心 成就圓滿

한량없는 중생의 욕락과 모든 근의 차별에 들어가고, 한량없는 모든 부처님께서 말씀과 음성으로 중생을 환희하게 하는 데 들어가며, 한량없는 중생의 갖가지 마음의 행에 들어가고, 한량없는 모든 부처님의 광대한 지혜를 밝게 아는 데 들어가며, 한량없는 성문승의 믿음과 이해에 들어가고, 한량없는 모든 부처님의 지혜의 도를 설하여 믿고 깨닫게 하는 데 들어가며, 한량없는 벽지불의 성취한 바에 들어가고, 한량없는 모든 부처님께서 매우 깊은 지혜의 문을 설하여 나아가게 하는 데 들어가며, 한량없는 모든 보살의 방편행에 들어가고, 한량없는 모든 부처님께서 설하신 대승을 모아 이루는 일에 들어가서 보살로 하여금 들어가게 합니다.

이 보살이 이런 생각을 하기를 '이와 같이 한량없는 여래의 경계는 더 나아가서 백천억 나유타 수의 겁에 이르더라도 알 수 없는 것이니, 내가 마땅히 공용이 없고 분별함이 없는 마음으로 원만하게 성취하리라.'라고 합니다.

佛子 此菩薩 以深智慧 如是觀察 常勤修習方便慧 起殊
勝道 安住不動 無有一念 休息廢捨 行住坐臥 乃至睡夢
未曾暫與蓋障相應 常不捨於如是想念 此菩薩 於念念中
常能具足十波羅蜜 何以故 念念皆以大悲爲首 修行佛法
向佛智故 所有善根 爲求佛智 施與衆生 是名檀那波羅蜜
能滅一切諸煩惱熱 是名尸羅波羅蜜

불자여, 이 보살이 깊은 지혜로써 이와 같이 관찰하여 항상 부지런히 방편 지혜를 닦아 익히고, 수승한 도를 일으켜 편안히 머물러 움직임이 없으나 한 생각도 쉬거나 폐하여 버리지 않으며, 다니거나 머물거나 앉거나 눕거나 더 나아가서 잠자는 꿈에라도 잠시도 번뇌와 상응한 적이 없고, 항상 이와 같은 생각을 버리지 않습니다.

이 보살이 생각마다 항상 십바라밀을 구족하니, 무슨 까닭이겠습니까? 생각마다 모두 대비를 으뜸으로 삼아 불법을 닦아 행하여 부처님의 지혜에 향하는 까닭입니다.

모든 선근으로 부처님의 지혜를 구하기 위하여 중생에게 베풀어 주는 것을 보시바라밀이라 이름하고, 일체 모든 뜨거운 번뇌를 멸하는 것을 지계바라밀이라 이름하며,

慈悲爲首 不損衆生 是名羼提波羅蜜 求勝善法 無有厭足
是名毘梨耶波羅蜜 一切智道 常現在前 未嘗散亂 是名禪
那波羅蜜 能忍諸法無生無滅 是名般若波羅蜜 能出生無
量智 是名方便波羅蜜 能求上上勝智 是名願波羅蜜 一切
異論 及諸魔衆 無能沮壞 是名力波羅蜜 如實了知一切法
是名智波羅蜜 佛子 此十波羅蜜 菩薩 於念念中 皆得具
足 如是四攝 四持 三十七品 三解脫門 略說乃至一切菩提
分法 於念念中 皆悉圓滿

자비를 으뜸으로 삼아 중생을 해롭게 하지 않는 것을 인욕바라밀이라 이름하고, 수승하고 착한 법을 구함에 싫증냄이 없는 것을 정진바라밀이라 이름하며, 일체 지혜의 도가 항상 목전에 나타나서 잠깐도 산란한 적이 없는 것을 선정바라밀이라 이름하고, 모든 법이 나지도 않고 멸하지도 않음을 인정하는 것을 반야바라밀이라 이름하며, 한량없는 지혜를 내는 것을 방편바라밀이라 이름하고, 높고 높은 뛰어난 지혜를 구하는 것을 서원바라밀이라 이름하며, 일체 다른 논리와 모든 마군의 무리가 무너뜨릴 수 없는 것을 힘바라밀이라 이름하고, 일체 법을 여실히 밝게 아는 것을 지혜바라밀이라 이름합니다.

불자여, 보살이 이 십바라밀을 생각마다 모두 구족하여서 이와 같이 사섭법과 사지*와 삼십칠조도품과 삼해탈문과 간략히 설하면 일체의 보리분법에 이르기까지 생각마다 모두 원만하게 합니다."

爾時 解脫月菩薩 問金剛藏菩薩言 佛子 菩薩 但於此第七
地中 滿足一切菩提分法 爲諸地中 亦能滿足 金剛藏菩薩
言 佛子 菩薩 於十地中 皆能滿足菩提分法 然 第七地 最
爲殊勝 何以故 此第七地功用行滿 得入智慧自在行故 佛
子 菩薩 於初地中 緣一切佛法願求故 滿足菩提分法 第
二地 離心垢故 第三地 願轉增長 得法光明故

이때 해탈월보살이 금강장보살에게 물었다.

"불자여, 보살이 다만 이 제7지 가운데 일체의 보리분 법을 원만하게 구족하는 것입니까, 모든 지위 가운데에 서도 또한 원만하게 구족하는 것입니까?"

금강장보살이 말하였다.

"불자여, 보살이 십지 가운데 보리분법을 모두 원만하 게 구족하지만 제7지에서 가장 수승합니다.

무슨 까닭이겠습니까? 이 제7지에서 공용의 행이 원 만하여 지혜의 자재한 행에 들어가는 까닭입니다.

불자여, 보살이 초지 가운데 일체 불법을 반연하여 구 하기를 원하는 까닭으로 보리분법을 원만하게 구족하 고, 제2지에서는 마음의 때를 여의는 까닭이며, 제3지 에서는 원이 더욱 더하여 법의 광명을 얻는 까닭이고,

第四地 入道故 第五地 順世所作故 第六地 入甚深法門
故 第七地 起一切佛法故 皆亦滿足菩提分法 何以故 菩
薩 從初地 乃至第七地 成就智功用分 以此力故 從第八
地 乃至第十地 無功用行 皆悉成就 佛子 譬如有二世界
一處 雜染 一處 純淨 是二中間 難可得過 唯除菩薩 有大
方便神通願力

제4지에서는 도에 들어가는 까닭이며, 제5지에서는 세간의 짓는 바를 따르는 까닭이고, 제6지에서는 매우 깊은 법의 문에 들어가는 까닭이며, 제7지에서는 일체 불법을 일으키는 까닭으로 모두 보리분법을 원만하게 구족합니다.

무슨 까닭이겠습니까? 보살이 초지로부터 제7지에 이르기까지 지혜의 공용분을 성취하고, 이 힘으로 제8지로부터 제10지에 이르기까지 공용이라는 것마저 없는 행을 모두 성취합니다.

불자여, 비유하면 두 세계가 있어 한 곳은 뒤섞여 물들었고 한 곳은 순수하고 깨끗하니 이 둘의 중간을 지나기 어렵지만, 오직 보살의 큰 방편과 신통과 원력은 제합니다.

佛子 菩薩諸地 亦復如是 有雜染行 有淸淨行 是二中間
難可得過 唯除菩薩 有大願力方便智慧 乃能得過 解脫月
菩薩 言 佛子 此七地菩薩 爲是染行 爲是淨行 金剛藏菩
薩 言 佛子 從初地 至七地 所行諸行 皆捨離煩惱業 以
廻向無上菩提故 分得平等道故 然 未名爲超煩惱行

불자여, 보살의 모든 지위도 또한 다시 이와 같아서 뒤섞여 물든 행이 있고 청정한 행이 있어 이 둘의 중간을 지나기 어렵지만, 오직 보살의 큰 원력과 방편 지혜라야만이 비로소 뛰어넘을 수 있음은 제합니다."

해탈월보살이 말하였다.

"불자여, 이 제7지의 보살은 물든 행이라 하겠습니까, 청정한 행이라 하겠습니까?"

금강장보살이 말하였다.

"불자여, 초지로부터 제7지에 이르기까지 행하는 모든 행은 다 번뇌의 업을 여의어 버리고, 위 없는 보리에 회향하기 위한 것이어서 평등의 도를 부분적으로만 얻는 까닭에 번뇌를 초월하는 행이라고는 이름하지 못합니다.

佛子 譬如轉輪聖王 乘天象寶 遊四天下 知有貧窮困苦之
人 而不爲彼衆患所染 然 未名爲超過人位 若捨王身 生
於梵世 乘天宮殿 見千世界 遊千世界 示現梵天 光明威
德 爾乃名爲超過人位 佛子 菩薩 亦復如是 始從初地 至
於七地 乘波羅蜜乘 遊行世間 知諸世間煩惱過患 以乘正
道故 不爲煩惱過失所染 然 未名爲超煩惱行

불자여, 비유하면 전륜성왕이 천상의 코끼리 보배를 타고 사천하를 다니면서 빈궁하고 고생하는 사람이 있음을 알면서도 그들의 온갖 걱정에 물들지는 않지만 인간의 지위를 뛰어넘었다고 이름하지는 못하는 것과 같습니다.

만약 왕의 몸을 버리고 범천에 태어나서 천상의 궁전에 올라 천 세계를 보면서 천 세계를 다니며 범천의 광명과 위덕을 나타내 보이면 이에 인간의 지위를 뛰어넘었다고 이름합니다.

불자여, 보살도 또한 다시 이와 같아서 초지로부터 제7지에 이르기까지 바라밀의 수레를 타고 세간에 다니면서 모든 세간의 번뇌와 허물과 근심을 알면서도 바른 도에 오르는 까닭으로 번뇌의 허물에 물들지는 않지만 번뇌를 초월한 행이라고 이름하지는 못합니다.

若捨一切有功用行 從第七地 入第八地 乘菩薩淸淨乘 遊
行世間 知煩惱過失 不爲所染 爾乃名爲超煩惱行 以得一
切盡超過故 佛子 此第七地菩薩 盡超過多貪等諸煩惱衆
住此地 不名有煩惱者 不名無煩惱者 何以故 一切煩惱
不現行故 不名有者 求如來智心 未滿故 不名無者 佛子
菩薩 住此第七地 以深淨心 成就身業 成就語業 成就意
業

만약 일체 공용이 있는 행을 버리고 제7지로부터 제8지에 들어가 보살의 청정한 법의 수레를 타고 세간에 다니면서 번뇌의 허물을 알면서도 물들지 않는다면 그제서야 번뇌를 초월한 행이라 이름하니, 일체를 모두 뛰어넘음을 얻은 까닭입니다.

불자여, 이 제7지의 보살이 지나치게 탐하는 등의 모든 번뇌를 뛰어넘어서 이 지위에 머물면 번뇌가 있는 이라 이름하지도 않고, 번뇌가 없는 이라 이름하지도 않습니다.

무슨 까닭이겠습니까? 일체 번뇌가 드러나지 않는 까닭에 있는 이라 이름하지도 않고, 여래의 지혜를 구하는 마음이 아직 원만하지 못한 까닭에 없는 이라 이름하지도 않습니다.

불자여, 보살이 이 제7지에 머물러 깊고 깨끗한 마음으로 몸의 업을 성취하고, 말의 업을 성취하며, 뜻의 업을 성취합니다.

所有一切不善業道 如來所訶 皆已捨離 一切善業 如來所讚 常善修行 世間所有經書技術 如五地中說 皆自然而行 不假功用 此菩薩 於三千大千世界中 爲大明師 唯除如來 及八地已上 其餘菩薩 深心妙行 無與等者 諸禪三昧 三摩鉢底 神通解脫 皆得現前 然是修成 非如八地 報得成就 此地菩薩 於念念中 具足修習方便智力 及一切菩提分法 轉勝圓滿

여래께서 꾸짖으신 일체 착하지 못한 업의 도를 이미 여의어 버렸고, 여래께서 칭찬하신 일체 착한 업은 항상 잘 닦아 행하며, 세간의 모든 경서와 기술과 제5지 가운데 말한 것과 같은 것들을 모두 저절로 행하게 되어 공용을 빌리지 않습니다.

이 보살이 삼천대천세계 가운데 크고 밝은 스승이 되어 오직 여래와 제8지 이상의 보살을 제외하고 그 나머지 보살의 깊은 마음과 묘한 행으로는 같을 이가 없으며, 모든 선삼매*와 삼마발저*와 신통과 해탈이 목전에 나타남을 얻지만, 그러나 이것은 닦아서 이룬 것이고 제8지에서와 같이 과보로 성취하여 얻는 것은 아닙니다.

이 지위의 보살이 생각마다 방편과 지혜의 힘과 일체 보리분법을 닦아 익혀서 구족하여 더욱더 원만하게 합니다.

佛子 菩薩 住此地 入菩薩 善觀擇三昧 善擇義三昧 最勝
慧三昧 分別義藏三昧 如實分別義三昧 善住堅固根三昧
智慧神通門三昧 法界業三昧 如來勝利三昧 種種義藏生
死涅槃門三昧 入如是等具足大智神通門百萬三昧 淨治此
地 是菩薩 得此三昧 善治淨方便慧故 大悲力故 超過二
乘地 得觀察智慧地 佛子 菩薩 住此地 善淨無量身業無
相行 善淨無量語業無相行 善淨無量意業無相行 故得無
生法忍光明

불자여, 보살이 이 지위에 머물면 보살의 잘 관하여 선택하는 삼매와 뜻을 잘 선택하는 삼매와 가장 뛰어난 지혜의 삼매와 뜻을 분별하는 보배장 삼매와 여실히 뜻을 분별하는 삼매와 견고한 근에 잘 머무는 삼매와 지혜 신통문의 삼매와 법계의 업 삼매와 여래의 수승한 이익 삼매와 갖가지 뜻의 보배장과 생사 열반문의 삼매에 들어가니, 이와 같은 등의 큰 지혜와 신통문을 구족한 백만 삼매에 들어가 이 지위를 깨끗하게 다스립니다.

보살이 이 삼매를 얻는 것은 방편의 지혜를 깨끗이 잘 다스리는 까닭과 대비의 힘인 까닭으로 이승의 지위를 뛰어넘어 지혜의 지위를 관찰하게 됩니다.

불자여, 보살이 이 지위에 머물러 한량없는 몸의 업을 상 없는 행으로 잘 깨끗하게 하고, 한량없는 말의 업을 상 없는 행으로 잘 깨끗하게 하며, 한량없는 뜻의 업을 상 없는 행으로 잘 깨끗하게 하는 까닭으로 무생법인의 광명을 얻습니다."

解脫月菩薩 言 佛子 菩薩 從初地來 所有無量身語意業
豈不超過二乘耶 金剛藏菩薩 言 佛子 彼悉超過 然 但以
願求諸佛法故 非是自智觀察之力 今第七地 自智力故 一切
二乘 所不能及 譬如王子 生在王家 王后所生 具足王相
生已 卽勝一切臣衆 但以王力 非是自力 若身長大 藝業悉
成 乃以自力 超過一切

해탈월보살이 말하였다.

"불자여, 보살이 초지로부터 지금까지 한량없는 몸과 말과 뜻의 업으로는 어찌하여 이승을 뛰어넘지 못합니까?"

금강장보살이 대답하였다.

"불자여, 저들이 모두 뛰어넘었다고 하지만 모든 불법을 구하기를 서원하는 까닭에 스스로의 지혜로 관찰하는 힘이 아니니, 이제 제7지에서는 스스로의 지혜의 힘인 까닭으로 일체 이승이 미치지 못합니다.

비유하면 왕자가 왕의 가문에 태어나면 왕후의 소생으로 왕의 상호를 구족하여 태어나므로 곧 일체 신하의 무리보다 뛰어나지만 다만 왕의 힘이고 스스로의 힘은 아니어서, 만약 몸이 장성하고 기예의 업까지 모두 이루면 스스로의 힘으로 일체를 뛰어넘는 것과 같습니다.

菩薩摩訶薩 亦復如是 初發心時 以志求大法故 超過一切
聲聞獨覺 今住此地 以自所行智慧力故 出過一切二乘之上
佛子 菩薩 住此第七地 得甚深遠離無行常行身語意業 勤
求上道 而不捨離 是故菩薩 雖行實際 而不作證 解脫月
菩薩 言 佛子 菩薩 從何地來 能入滅定

보살마하살도 또한 다시 이와 같아서 처음 마음을 발할 때에 뜻을 두어 큰 법을 구하는 까닭으로 일체 성문과 독각을 뛰어넘었지만 이제 이 지위에 머물러서는 스스로 행하는 지혜의 힘인 까닭으로 일체 이승의 위〔上〕를 뛰어넘습니다.

불자여, 보살이 이 제7지에 머물러 행하지 않음을 매우 깊이 여의어 몸과 말과 뜻의 업을 항상 행하면서도 높은 도를 부지런히 구하여 여의거나 버리지 않으니, 이런 까닭으로 보살이 비록 실제를 행하지만 증득함을 짓지 않습니다."

해탈월보살이 말하였다.

"불자여, 보살이 어느 지위로부터 와서 멸진정에 들어갑니까?"

金剛藏菩薩 言 佛子 菩薩 從第六地來 能入滅定 今住此
地 能念念入 亦念念起 而不作證 故此菩薩 名爲成就不
可思議身語意業 行於實際 而不作證 譬如有人 乘船入海
以善巧力 不遭水難 此地菩薩 亦復如是 乘波羅蜜船 行
實際海 以願力故 而不證滅 佛子 此菩薩 得如是三昧智
力 以大方便 雖示現生死 而恒住涅槃 雖眷屬圍遶 而常
樂遠離 雖以願力 三界受生 而不爲世法所染 雖常寂滅

금강장보살이 대답하였다.

"불자여, 보살이 제6지로부터 와서 멸진정에 들어갑니다.

이제 이 지위에 머물러 생각마다 들어가고 또한 생각마다 일으키지만 증득함을 짓지 않으니, 그러므로 이 보살을 불가사의한 몸과 말과 뜻의 업을 성취하여 실제를 행하면서도 증득함을 짓지 않는 것이라 이름합니다.

비유하면 어떤 사람이 배를 타고 바다에 들어갔으나 공교한 힘으로 물에 의한 재난을 당하지 않는 것과 같이, 이 지위의 보살도 또한 다시 이와 같아서 바라밀의 배를 타고 실제의 바다에서 행하지만 원력으로써 열반을 증득했다고도 하지 않습니다.

불자여, 이 보살이 이와 같은 삼매와 지혜의 힘을 얻어서 큰 방편으로 비록 생사를 나타내 보이더라도 항상 열반에 머물고, 비록 권속들에게 둘러싸여 있더라도 항상 멀리 여의기를 즐거워하며, 비록 원력으로 삼계에 태어나더라도 세간법에 물들지 않고, 비록 항상 적멸하면서도

以方便力 而還熾然 雖然不燒 雖隨順佛智 而示入聲聞辟
支佛地 雖得佛境界藏 而示住魔境界 雖超魔道 而現行
魔法 雖示同外道行 而不捨佛法 雖示隨順一切世間 而常
行一切出世間法 所有一切莊嚴之事 出過一切天龍夜叉乾
闥婆阿修羅迦樓羅緊那羅摩睺羅伽人及非人帝釋梵王四天
王等之所有者 而不捨離樂法之心 佛子 菩薩 成就如是智
慧 住遠行地 以願力故 得見多佛 所謂見多百佛 乃至見多
百千億那由他佛

방편의 힘으로 도리어 활활 타는 듯 하여 비록 불이 붙지만 타지 않으며, 비록 부처님의 지혜를 수순하면서도 성문과 벽지불의 지위에 들어가는 것을 보이고, 비록 부처님 경계의 보배장을 얻더라도 마군의 경계에 머무름을 보이며, 비록 마의 도를 초월하더라도 마의 법을 행하고, 비록 외도와 같은 행을 보이면서도 불법을 버리지 않으며, 비록 일체 세간을 수순함을 보이면서도 항상 일체 세간을 벗어나는 법을 행하니, 일체 장엄하는 일이 일체 천상과 용과 야차와 건달바와 아수라와 가루라와 긴나라와 마후라가와 사람과 사람 아닌 것과 제석과 범천왕과 사천왕 등이 가진 것을 초월하여 법을 즐기는 마음을 여의어 버리지 않습니다.

불자여, 보살이 이와 같은 지혜를 성취하여 원행지에 머물러서 원력으로 많은 부처님을 친견하니, 수백 부처님을 친견하고, 더 나아가서 수백천억 나유타 수의 부처님을 친견합니다.

於彼佛所 以廣大心 增勝心 供養恭敬 尊重讚歎 衣服飲
食 臥具醫藥 一切資生 悉以奉施 亦以供養一切衆僧 以
此善根 廻向阿耨多羅三藐三菩提 復於佛所 恭敬聽法 聞
已受持 獲如實三昧智慧光明 隨順修行 於諸佛所 護持正
法 常爲如來之所讚喜 一切二乘 所有問難 無能退屈 利益
衆生 法忍淸淨 如是經無量百千億那由他劫 所有善根 轉
更增勝

부처님 처소에 광대한 마음과 더 뛰어난 마음으로써 공양 올리고 공경하며 존중하고 찬탄하니, 의복과 음식과 와구와 의약과 일체 생활에 필요한 물건을 다 받들어 보시하고, 또한 일체 대중 스님에게 공양 올려서 이 선근으로 아뇩다라삼먁삼보리에 회향합니다.

다시 부처님 처소에서 공경히 법을 듣고, 듣고서는 받아 지니며, 여실한 삼매와 지혜의 광명을 얻어서 수순하여 닦아 행합니다.

모든 부처님 처소에서 정법을 보호하고 지녀 항상 여래께서 찬탄하고 기뻐하시는 바가 되니, 일체 이승의 모든 어려운 질문으로도 굴복시킬 수 없고, 중생을 이익되게 하는 법인(法忍)*이 청정해집니다.

이와 같이 무량 백천억 나유타 수의 겁을 지나 모든 선근이 점점 수승해집니다.

譬如眞金 以衆妙寶 間錯莊嚴 轉更增勝 倍益光明 餘莊
嚴具 所不能及 菩薩 住此第七地所有善根 亦復如是 以
方便慧力 轉更明淨 非是二乘之所能及 佛子 譬如日光 星
月等光 無能及者 閻浮提地 所有泥潦 悉能乾竭 此遠行
地菩薩 亦復如是 一切二乘 無有能及 悉能乾竭一切衆生
諸惑泥潦 此菩薩 十波羅蜜中 方便波羅蜜 偏多 餘非不
行 但隨力隨分 佛子 是名略說菩薩摩訶薩 第七遠行地

비유하면 진금을 여러 묘한 보배로 사이사이 장엄하면 점점 더 훌륭해지고 광명이 배로 더해져서 다른 장엄구로는 미치지 못하는 것과 같이, 보살이 이 제7지에 머물면 모든 선근도 또한 다시 이와 같아서 방편 지혜의 힘으로 점점 더 밝고 깨끗해지니, 이것은 이승으로는 미칠 바가 아닙니다.

불자여, 비유하면 태양은 별과 달 등의 빛으로는 미칠 수 없고 염부제 땅의 진흙탕을 다 말려버리듯이, 이 원행지의 보살도 또한 다시 이와 같아서 일체 이승이 미칠 바가 아니며, 일체 중생의 모든 미혹의 진흙탕을 다 마르게 합니다.

이 보살이 십바라밀 가운데 방편바라밀이 치우치게 많으니, 다른 것을 닦지 않는 것은 아니지만 다만 힘을 따르고 분을 따릅니다.

불자여, 이것을 보살마하살의 제7 원행지를 간략히 설한 것이라 이름합니다.

菩薩 住此地 多作自在天王 善爲衆生 說證智法 令其證入 布施愛語利行同事 如是一切諸所作業 皆不離念佛 乃至不離念具足一切種 一切智智 復作是念 我當於一切衆生中 爲首 爲勝 乃至爲一切智智依止者 此菩薩 若發勤精進 於一念頃 得百千億那由他三昧 乃至示現百千億那由他菩薩 以爲眷屬 若以菩薩殊勝願力 自在示現 過於此數 乃至百千億那由他劫 不能數知

보살이 이 지위에 머물러 흔히 자재천의 왕이 되어서 중생을 위하여 증득한 지혜의 법을 설하고 그들로 하여금 증득하여 들어가게 합니다.

보시와 애어와 이행과 동사, 이와 같이 일체 모든 짓는 업은 다 부처님을 생각하는 것을 여의지 않고, 더 나아가서 일체종과 일체지의 지혜를 구족하려는 생각을 여의지 않는 것입니다.

다시 이런 생각을 하기를 '내가 일체 중생 가운데 으뜸이 되고, 뛰어남이 되며, 더 나아가서 일체지의 지혜에 의지하는 이가 되리라.'라고 합니다.

이 보살이 만약 부지런히 정진을 발하면 온통인 생각으로 백천억 나유타 수의 삼매를 얻고, 더 나아가서 백천억 나유타 수의 보살을 나타내 보여 권속으로 삼습니다.

만약 보살의 수승한 원력으로 자재하게 나타내 보이면, 이 수를 지나 더 나아가서 백천억 나유타 수의 겁 동안 세어도 알 수 없습니다."

爾時 金剛藏菩薩 欲重宣此義 而說頌曰

第一義智三昧道
六地修行心滿足
卽時成就方便慧
菩薩以此入七地

雖明三脫起慈悲
雖等如來勤供佛
雖觀於空集福德
菩薩以此昇七地

이때 금강장보살이 그 뜻을 거듭 펴고자 게송으로 말하였다.

제일가는 뜻의 지혜와 삼매의 도를
제6지에서 닦아 행하여 마음을 원만히 구족하고
곧 방편 지혜를 성취하니
보살이 이로써 제7지에 들어가네

비록 삼해탈을 밝히지만 자비를 일으키고
비록 여래와 동등하지만 부처님께 부지런히 공양 올리며
비록 공함을 관하지만 복덕을 모으니
보살이 이로써 제7지에 오르네

遠離三界而莊嚴
滅除惑火而起焰
知法無二勤作業
了刹皆空樂嚴土

解身不動具諸相
達聲性離善開演
入於一念事各別
智者以此昇七地

觀察此法得明了
廣爲群迷興利益
入衆生界無有邊
佛敎化業亦無量

삼계를 멀리 여의되 장엄을 하고
미혹의 불을 멸하여 없애되 불꽃을 일으키며
법에 두 가지가 없음을 알면서도 부지런히 업을 짓고
세계가 다 공함을 알면서도 즐거이 국토를 장엄하네

몸이 부동함을 알면서도 모든 상을 갖추고
소리의 성품이 공한 줄 환히 알면서도 잘 열어 널리 펴며
온통인 생각에 들면서도 일을 각각 차별하니
지혜로운 이가 이로써 제7지에 오르네

이 법을 관찰하여 명료해져서
널리 미혹한 중생을 위하여 이익을 일으키고
끝없는 중생계에 들어가니
부처님의 교화하는 업 또한 한량이 없네

國土諸法與劫數
解欲心行悉能入
說三乘法亦無限
如是敎化諸群生

菩薩勤求最勝道
動息不捨方便慧
一一廻向佛菩提
念念成就波羅蜜

發心廻向是布施
滅惑爲戒不害忍
求善無厭斯進策
於道不動卽修禪

국토와 모든 법과 겁의 수와
이해와 욕망과 마음의 행에 다 들어가서
삼승의 법 역시 한량없이 설하니
이와 같이 모든 중생을 교화하네

보살의 가장 수승한 도를 부지런히 구하되
움직이거나 쉴 때도 방편과 지혜를 버리지 않아
낱낱이 부처님 보리에 회향하고
생각마다 바라밀을 성취하네

마음을 발하여 회향하는 것을 보시라 하고
미혹을 멸하는 것을 지계라 하며 해롭게 하지 않는 것을 인욕이라 하고
선(善)을 구함에 싫증냄이 없는 것을 정진의 채찍이라 하며
도에서 흔들림이 없는 것을 곧 선(禪)을 닦음이라 하네

忍受無生名般若
廻向方便希求願
無能摧力善了智
如是一切皆成滿

初地攀緣功德滿
二地離垢三諍息
四地入道五順行
第六無生智光照

七住菩提功德滿
種種大願皆具足
以是能令八地中
一切所作咸淸淨

무생(無生)을 인정하는 것을 반야라 이름하고
회향하는 것을 방편이라 하며 바라여 구하는 것을 서원이라 하고
꺾을 수 없는 것을 힘이라 하며 잘 아는 것을 지혜라 하니
이와 같은 일체의 것을 모두 원만히 이루네

초지는 반연함으로 공덕이 원만하고
제2지는 때를 여의며 제3지는 다툼을 쉬고
제4지는 도에 들며 제5지는 수순하여 행하고
제6지는 남이 없는 지혜의 광명을 비추며

제7지는 보리의 공덕이 원만함에 머물러
갖가지의 대원을 모두 구족하니
이로써 제8지 가운데
일체 짓는 바가 다 청정해지네

此地難過智乃超
譬如世界二中間
亦如聖王無染着
然未名爲總超度

若住第八智地中
爾乃逾於心境界
如梵觀世超人位
如蓮處水無染着

此地雖超諸惑衆
不名有惑非無惑
以無煩惱於中行
而求佛智心未足

이 지위는 지나가기 어렵지만 지혜로써만 초월할 수 있으니
비유하면 두 세계의 중간과 같고
또한 전륜성왕과 같이 물들어 집착함이 없지만
아직은 모든 것을 초월했다고 이름하지 못하는 것과 같다네

만약 지혜의 지위인 제8지에 머무르면
그제서야 마음의 경계를 넘으니
마치 범천에서 세간을 관하여 인간의 지위를 뛰어넘는 것과 같고
마치 연꽃이 물에 있지만 물들지 않는 것과 같네

이 지위에서 비록 모든 미혹을 뛰어넘지만
미혹이 있다거나 미혹이 없다거나 이름하지 않으니
번뇌 없는 가운데 행하되
부처님의 지혜를 구하나 마음은 아직 부족하네

世間所有衆技藝
經書詞論普明了
禪定三昧及神通
如是修行悉成就

菩薩修成七住道
超過一切二乘行
初地願故此由智
譬如王子力具足

成就甚深仍進道
心心寂滅不取證
譬如乘船入海中
在水不爲水所溺

세간의 온갖 기예와
경전과 논리를 밝게 다 알고
선정과 삼매와 신통
이와 같은 것을 닦아 행하여 다 성취하네

보살이 제7지에 머무는 도를 닦아 이루어
일체 이승의 행을 뛰어넘으니
초지의 원력으로 이 지위의 지혜를 말미암는 것은
비유하면 왕자가 힘을 구족하는 것과 같네

매우 깊음을 성취하여서 도에 나아가니
마음이 적멸하면서도 취하여 증득함이 없는 것이
비유하면 배를 타고 바다 가운데 들어가
물에 있으면서도 물에 빠지지 않는 것과 같네

方便慧行功德具
一切世間無能了
供養多佛心益明
如以妙寶莊嚴金

此地菩薩智最明
如日舒光竭愛水
又作自在天中主
化導群生修正智

若以勇猛精勤力
獲多三昧見多佛
百千億數那由他
願力自在復過是

방편과 지혜를 행하여 갖춘 공덕은
일체 세간은 능히 알 수 없으며
수많은 부처님께 공양 올려 마음이 더욱 밝으니
마치 묘한 보배로써 금을 장엄하는 것과 같네

이 지위의 보살은 지혜가 가장 밝아
마치 태양이 빛을 펴서 애욕의 물을 말리는 것과 같고
또 자재천 가운데 주인이 되어
중생을 교화하고 인도해서 바른 지혜를 닦게 하네

만약 용맹하게 정진한다면
수많은 삼매를 얻고 수많은 부처님을 친견함이
백천억 나유타 수라
원력으로 자재하면 이를 지나네

此是菩薩遠行地
方便智慧清淨道
一切世間天及人
聲聞獨覺無能知

이것을 보살 원행지라 하니
방편과 지혜의 청정한 도여서
일체 세간의 천상과 인간
성문과 독각들은 알 수 없다네

농선 대원 선사 결문

농선 대원 선사 결문(決文)

문 : 마음이 적멸하면서도 취하여 증득함이 없는 경지를
　　간략히 보여 주십시오.

답 : 보여주는 것이면 취한 것이니라.

문 : 어찌해야 하겠습니까?

답 : 물에 서서 갈증타령을 하는 자로구나.
　　험!

∽ 미주

* 공해탈문(空解脫門) : ⇒삼해탈문을 참조.
* 관대(觀待) : 다른 것에 의존하는 것. 모든 유위법이 필요한 여러가지 인연을 기다려 그것들이 갖추어져서 의존할 때에, 인은 과를 낳고 과는 인을 말미암는 상대적인 불변의 도리가 생기는 것을 관대도리(觀待道理)라고 하며, 상대도리(相待道理)라고도 한다.
* 네 가지 마군의 도〔四魔道〕: 수행을 방해하는 네 가지 장애로써 사람의 목숨이나 지혜의 생명을 빼앗아가는 네 종류의 마구니를 말한다. ① 음마(陰魔) - 오음(五陰)이 낳은 여러 가지 고통으로 지혜의 생명을 빼앗아가는 마를 말한다. 온마(蘊魔), 오음마(五陰魔), 오온마(五蘊魔), 오중마(五衆魔)라고도 한다. ② 번뇌마(煩惱魔) - 우리의 몸과 마음을 시끄럽게 하는 탐욕 등의 여러 가지 번뇌로 마음을 어지럽혀 지혜의 생명을 빼앗고 깨달음을 성취할 수 없게 하는 마를 말한다. 욕마(欲魔)라고도 한다. ③ 사마(死魔) - 중생의 목숨을 구성하는 사대가 죽음에 이르도록 해서 지혜의 생명을 이어갈 방법이 없게 만드는 죽음의 마를 말한다. ④ 천자마(天子魔) - 욕계의 제6천 타화자재천왕으로, 잡다한 복덕을 쌓은 업의 인연으로 말미암아 큰 세력을 지니게 되었고 아울러 삿된 견해의 세력을 갖추어 선한 일을 방

해하는 등 지혜의 생명을 빼앗는 마를 말한다. 천마(天魔), 자재천마(自在天魔), 타화자재천자마(他化自在天子魔)라고도 한다. 앞의 세 가지는 내마(內魔)에 해당하고 마지막의 천자마는 외마(外魔)에 해당한다.

* 네 가지 풍륜〔四種風輪〕: 욕계를 받치고 있는 삼륜(三輪)인 금륜·수륜·풍륜 중 가장 아래에 있는 풍륜을 바람의 동작에 의해 네 가지로 구분한 것으로, 안주풍(安住風), 상주풍(常住風), 구경풍(究竟風), 견고풍(堅固風)을 말한다. 경에 따라 다른 명칭을 가지고 있다.

* 명리수순인(明利隨順忍) : ⇒오인을 참조.

* 무상해탈문(無相解脫門) : ⇒삼해탈문을 참조.

* 무생법인(無生法忍) : ⇒오인을 참조.

* 무아(無我) : 혼연한 빈 바탕을 이름하여 무아라 하고, 무극(無極)이라고도 한다. 농선 대원 선사는 「무아송(無我頌)」에서 '중생들이 말하는 무아라는 것은 변하고 달라지는 나를 말하지만 깨달은 사람의 무아는 변하지 않는 나를 말한다.'라고 밝히고 있다.

* 무원해탈문(無願解脫門) : ⇒삼해탈문을 참조.

* 법인(法忍) : 육인(六忍) 중 하나. 보살 십행의 계위에서 얻는

것으로써 사제(四諦)의 이치를 관하여 인가(忍可)하는 것. 이 법인을 얻고 나면 사제의 진리를 비춰보는 지혜인 법지(法智)를 얻게 된다.

* 복행(福行) : ⇒삼행을 참조.

* 부동행(不動行) : ⇒삼행을 참조.

* 비류리(毘琉璃) : 산스크리트어 vaidūrya의 음사이다. 칠보 중 하나로, 그것에 비치는 사물을 그것과 같은 색으로 동화시킨다. 여러 가지 색이 있는데, 청색 비류리는 그 곳에 비치는 모든 사물을 청색으로 만든다. 유리(琉璃), 폐류리(吠琉璃), 벽유리(璧流離)라고도 한다.

* 사지(四持) : 보살이 총지하는 덕 가운데 네 가지의 덕을 나타낸 것. 사총지(四總持), 사종총지(四種總持), 사다라니(四陀羅尼)라고도 한다. ① 법총지(法總持) - 부처님의 교법을 들어서 명(名)·문(文)·구(句)를 지니고 있는 것. 문총지(聞總持)라고도 한다. ② 의총지(義總持) - 부처님의 교법의 뜻을 잊어버리지 않는 것. ③ 주총지(呪總持) - 부처님이 선정 가운데 광명 속에서 설하신 교법을 언사로 설하는데 걸림이 없는 것. 이는 주술의 의미로 쓰이는 다라니의 뜻으로 많이 쓰인다. ④ 인총지(忍總持) - 무생법인의 지혜로 법의 실상을 인지(忍持)하여 변

재가 끊어지지 않는 것. 무생인총지(無生忍總持)라고도 한다.

* 사취온(四取蘊) : 오온 중 명(名)과 색(色)을 이루는 네 가지 온(蘊)으로 색(色)·수(受)·상(想)·행(行)을 말한다. 수·상·행의 세 가지 온은 명을 이루고, 나머지 하나인 색온은 색을 이룬다.

* 삼마발저(三摩鉢底) : 산스크리트어 samāpatti의 음사이다. 선정을 뜻하지만 삼매를 통해 수승한 지위에 이르게 된다는 뜻으로 등지(等至)라 한역한다. 삼마발지(三摩鉢底), 삼마발제(三摩拔提), 삼마월(三摩越), 삼마발타(三摩拔陀), 발제(拔提)라고도 한다.

* 삼해탈문(三解脫門) : 해탈을 얻는 세 가지 방법. 삼공문(三空門), 삼삼매(三三昧)라고도 한다. ① 공해탈문(空解脫門) - 일체 만유가 인연에 따라 생긴 것이므로 자성이 없음을 관하는 삼매를 얻어 해탈하는 것. ② 무상해탈문(無相解脫門) - 열반에는 상대적으로 차별된 상이 없음을 관하는 삼매를 얻어 해탈하는 것. ③ 무원해탈문(無願解脫門) - 일체 만유는 구할 것이 없어 인연의 조작(造作)을 떠남을 관하는 삼매를 얻어 해탈하는 것. 무작해탈문(無作解脫門)이라고도 한다.

* 삼행(三行) : 세간의 행을 세 가지로 나눈 것. ① 복행(福行) - 욕계의 복을 받는 십선(十善) 등을 말한다. 선행(善行)이라고도

한다. ② 죄행(罪行) - 삼악도에 처하게 하는 십악(十惡) 등을 말한다. 비복행(非福行)이라고도 한다. ③ 부동행(不動行) - 색계와 무색계에 처하게 하는 유루의 선정을 말한다. 무동행(無動行), 부동업(不動業)이라고도 한다.

* 생기(生起) : 어떤 것이 일어나는 것. 생(生)은 저절로 생기는 것으로써 인(因)이 되며, 기(起)는 이미 생겨난 것으로써 과(果)로 구분하기도 한다.

* 선삼매(禪三昧) : 선나(禪那)와 삼매. 이 두 가지는 이름만 다를 뿐 동일한 본질이기 때문에 이처럼 쓰이기도 한다.

* 세 가지 도[三道] : 흔히 생사를 유전하는 세 가지 인과를 말한다. 이 세 가지가 서로 통하여 연결되어 끊어지지 않으므로 도(道)라고 한다. ① 혹도(惑道) - 모든 법의 사리에 어둡도록 미혹시키는 망령된 마음. 십이연기 중 과거의 무명과 현재의 애와 취를 말한다. 번뇌도(煩惱道)라고도 한다. ② 업도(業道) - 망령된 마음으로 일어난 몸과 입과 뜻의 업으로 짓는 과보. 십이연기 중 과거의 행과 현재의 유를 말한다. ③ 고도(苦道) - 미혹된 업이 원인이 되어 일어난 삼계의 육도에 처하는 과보. 십이연기 중 현재의 식·명색·육입·촉·수 그리고 미래의 생·노·사를 말한다.

* 오인(五忍) : 보살이 진리를 인가(忍可)하여 안주하는 정도로 수행의 단계를 다섯 가지로 나눈 것을 말한다. ① 복인(伏忍) - 관해(觀解)를 익혀 유루의 지혜로 이를 굴복시키고 일어나지 못하게는 하지만 번뇌를 끊지 못한 첫번째 단계. 십주(十住), 십행(十行), 십회향(十廻向)의 하·중·상 삼품의 지전보살(地前菩薩)의 계위를 말한다. ② 신인(信忍) - 관하는 마음이 진전되어 무루의 지혜가 일어나 믿고 의심하지 않는 두번째 단계. 초지·제2지·제3지의 보살의 지위를 말한다. ③ 순인(順忍) - 신인으로 더욱 수승한 지혜를 연마하여 무생(無生)의 법에 순응하는 세번째 단계. 제4지·제5지·제6지의 보살의 지위를 말한다. 총명하고 예리하다는 뜻을 붙여 명리수순인(明利隨順忍)이라고도 한다. ④ 무생인(無生忍) - 모든 업의 행이 불생불멸함을 깨닫는 제법무생(諸法無生)의 진리에 안주하는 네번째 단계. 제7지·제8지·제9지의 보살의 지위를 말한다. 무생법인(無生法忍), 법공지(法空智)라고도 한다. ⑤ 적멸인(寂滅忍) - 갖가지 번뇌를 끊어버리고 청정무위잠연적정(淸淨無爲湛然寂靜)에 안주하는 다섯째 단계. 제10지·등각·묘각의 지위를 말한다.

* 원행지(遠行地) : 보살 52계위 가운데 십지 중 제7지. 무상의 이치를 관하는 순무상관(純無相觀)에 머무름으로써 형상이 있

는 경계의 행〔有相行〕을 멀리 벗어난 지위를 말한다. 이승의 수
행법과 연기를 관하는 세간의 지위를 넘었지만 아직 공용의 노
력이 필요하여 '공용지(功用智)의 최고 단계'라 한다. 심행지(深
行地), 심입지(深入地), 심원지(深遠地), 무상방편지(無相方便
地)라고도 한다.

* 유지(有支) : ① 십이연기의 각 항은 윤회의 생존을 구성하는
  부분이라는 뜻에서 유지라고 한다. ② 십이연기의 하나인 유
  (有)를 말한다.

* 죄행(罪行) : ⇒삼행을 참조.

* 체상(體相) : 일체 법이 차별된 현상으로 나타난 것을 말한다.
  또는 생명의 바탕을 말하기도 한다.

* 현전지(現前地) : 보살 52계위 가운데 십지 중 제6지. 연기의
  실상이 평등함을 보고 반야의 지혜가 목전에 나타나는 지위를
  말한다. 목견지(目見地), 목전지(目前地), 현재지(現在地)라고도
  한다.

* 희론(戱論) : 이치와 이치가 아닌 것을 가리지 않고 일체 언론
  (言論)을 위반하는 것. 세상의 희롱과 같이 사람의 마음을 산란
  하게 하고 몸과 입으로 짓는 갖가지 실답지 않은 것을 말한다.

불조정맥

불조정맥(佛祖正脈)

🪷 인 도

교조 석가모니불 (敎祖 釋迦牟尼佛)
 1조 마하가섭 (摩訶迦葉)
 2조 아난다 (阿難陀)
 3조 상나화수 (商那和脩)
 4조 우바국다 (優波鞠多)
 5조 제다가 (堤多迦)
 6조 미차가 (彌遮迦)
 7조 바수밀 (婆須密)
 8조 불타난제 (佛陀難堤)
 9조 복타밀다 (伏馱密多)
10조 파율습박(협) (波栗濕縛, 脇)
11조 부나야사 (富那夜奢)
12조 아나보리(마명) (阿那菩堤, 馬鳴)
13조 가비마라 (迦毗摩羅)

14조 나가르주나(용수) (那閼羅樹那, 龍樹)

15조 가나제바 (迦那堤波)

16조 라후라타 (羅睺羅陀)

17조 승가난제 (僧伽難提)

18조 가야사다 (迦耶舍多)

19조 구마라다 (鳩摩羅多)

20조 사야다 (闍夜多)

21조 바수반두 (婆修盤頭)

22조 마노라 (摩拏羅)

23조 학륵나 (鶴勒那)

24조 사자보리 (師子菩堤)

25조 바사사다 (婆舍斯多)

26조 불여밀다 (不如密多)

27조 반야다라 (般若多羅)

28조 보리달마 (菩堤達磨)

❀ 중 국

29조 신광 혜가 (2 조 神光 慧可)

30조 감지 승찬 (3 조 鑑智 僧璨)

31조 대의 도신 (4 조 大醫 道信)

32조 대만 홍인 (5 조 大滿 弘忍)

33조 대감 혜능 (6 조 大鑑 慧能)

34조 남악 회양 (7 조 南嶽 懷讓)

35조 마조 도일 (8 조 馬祖 道一)

36조 백장 회해 (9 조 百丈 懷海)

37조 황벽 희운 (10조 黃檗 希雲)

38조 임제 의현 (11조 臨濟 義玄)

39조 흥화 존장 (12조 興化 存奬)

40조 남원 혜옹 (13조 南院 慧顒)

41조 풍혈 연소 (14조 風穴 延沼)

42조 수산 성념 (15조 首山 省念)

43조 분양 선소 (16조 汾陽 善昭)

44조 자명 초원 (17조 慈明 楚圓)

45조 양기 방회 (18조 楊岐 方會)

46조 백운 수단 (19조 白雲 守端)

47조 오조 법연 (20조 五祖 法演)

48조 원오 극근 (21조 圓悟 克勤)

49조 호구 소륭 (22조 虎丘 紹隆)

50조 응암 담화 (23조 應庵 曇華)

51조 밀암 함걸 (24조 密庵 咸傑)

52조 파암 조선 (25조 破庵 祖先)

53조 무준 사범 (26조 無準 師範)

54조 설암 혜랑 (27조 雪岩 慧郎)

55조 급암 종신 (28조 及庵 宗信)

56조 석옥 청공 (29조 石屋 淸珙)

🪷 한 국

57조 태고 보우 (1조 太古 普愚)

58조 환암 혼수 (2조 幻庵 混脩)

59조 구곡 각운 (3조 龜谷 覺雲)

60조 벽계 정심 (4조 碧溪 淨心)

61조 벽송 지엄 (5조 碧松 智儼)

62조 부용 영관 (6조 芙蓉 靈觀)

63조 청허 휴정 (7조 淸虛 休靜)

64조 편양 언기 (8조 鞭羊 彦機)

65조 풍담 의심 (9조 楓潭 義諶)

66조 월담 설제 (10조 月潭 雪霽)

67조 환성 지안 (11조 喚醒 志安)

68조 호암 체정 (12조 虎巖 體淨)

69조 청봉 거안 (13조 靑峰 巨岸)

70조 율봉 청고 (14조 栗峰 靑杲)

71조 금허 법첨 (15조 錦虛 法沾)

72조 용암 혜언 (16조 龍巖 慧言)

73조 영월 봉율 (17조 詠月 奉律)

74조 만화 보선 (18조 萬化 普善)

75조 경허 성우 (19조 鏡虛 惺牛)

76조 만공 월면 (20조 滿空 月面)

77조 전강 영신 (21조 田岡 永信)

78대 농선 대원 (22대 弄禪 大圓)

농선 대원 선사님
인가 내력

농선 대원 선사님 인가 내력

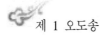
제 1 오도송

이 몸을 끄는 놈 이 무슨 물건인가?
골똘히 생각한 지 서너 해 되던 때에
쉬이하고 불어온 솔바람 한 소리에
홀연히 대장부의 큰 일을 마치었네

무엇이 하늘이고 무엇이 땅이런가
이 몸이 청정하여 이러-히 가없어라
안팎 중간 없는 데서 이러-히 응하니
취하고 버림이란 애당초 없다네

하루 온종일 시간이 다하도록
헤아리고 분별한 그 모든 생각들이

옛 부처 나기 전의 오묘한 소식임을
듣고서 의심 않고 믿을 이 누구인가!

此身運轉是何物
疑端汨沒三夏來
松頭吹風其一聲
忽然大事一時了

何謂靑天何謂地
當體淸淨無邊外
無內外中應如是
小分取捨全然無

一日於十有二時
悉皆思量之分別
古佛未生前消息
聞者卽信不疑誰

　농선 대원 선사님의 스승이신 불조정맥 제77조 조계종(曹溪宗) 전
강(田岡) 대선사님께서 1962년 대구 동화사의 조실로 계실 당시 농
선 대원 선사님께서도 동화사에 함께 머무르고 계셨다.
　하루는, 전강 대선사님께서 대원 선사님의 3연으로 되어 있는 제
1오도송을 들어 깨달은 바는 분명하나 대개 오도송은 짧게 짓는다

고 말씀하셨다. 이에 대원 선사님께서는 제1오도송을 읊은 뒤, 도솔암을 떠나 김제들을 지나다가 석양의 해와 달을 보고 문득 읊었던 제2오도송을 일러드렸다.

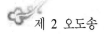 제 2 오도송

해는 서산 달은 동산 덩실하게 얹혀 있고
김제의 평야에는 가을빛이 가득하네
대천이란 이름자도 서지를 못하는데
석양의 마을길엔 사람들 오고 가네

日月兩嶺載同模
金提平野滿秋色
不立大千之名字
夕陽道路人去來

제2오도송을 들으신 전강 대선사님께서는 이에 그치지 않고 그와 같은 경지를 담은 게송을 이 자리에서 즉시 한 수 지어볼 수 있겠냐고 하셨다. 대원 선사님께서는 곧바로 다음과 같이 읊으셨다.

바위 위에는 솔바람이 있고

산 아래에는 황조가 날도다
대천도 흔적조차 없는데
달밤에 원숭이가 어지러이 우는구나

岩上在松風
山下飛黃鳥
大千無痕迹
月夜亂猿啼

　전강 대선사님께서는 위 송의 앞의 두 구를 들으실 때만 해도 지
그시 눈을 감고 계시다가 뒤의 두 구를 마저 채우자 문득 눈을 뜨
고 기뻐하는 빛이 역력하셨다.

　그러나 전강 대선사님께서는 여기에서도 그치지 않고 다시 한 번
물으셨다.

　"대중들이 자네를 산으로 불러내고 그중에 법성(향곡 스님 법제자
인 진제 스님. 동화사 선방에 있을 당시에 '법성'이라 불렸고, 나중에 '법
원'으로 개명하였다.)이 달마불식(達磨不識) 도리를 일러보라 했을 때
'드러났다'라고 답했다는데, 만약에 자네가 당시의 양무제였다면
'모르오'라고 이르고 있는 달마 대사에게 어떻게 했겠는가?"

　대원 선사님께서 답하셨다.

　"제가 양무제였다면 '성인이라 함도 서지 못하나 이러-히 짐의
덕화와 함께 어우러짐이 더욱 좋지 않겠습니까?' 하며 달마 대사의

손을 잡아 일으켰을 것입니다."

전강 대선사님께서 탄복하며 말씀하셨다.

"어느새 그 경지에 이르렀는가?"

"이르렀다곤들 어찌 하며, 갖추었다곤들 어찌 하며, 본래라곤들 어찌 하리까? 오직 이러-할 뿐인데 말입니다."

대원 선사님께서 연이어 말씀하시자 전강 대선사님께서 이에 환희하시니 두 분이 어우러진 자리가 백아가 종자기를 만난 듯, 고수 명창 어울리듯 화기애애하셨다.

달마불식 공안에 대한 위의 문답은 내력이 있는 것이다. 전강 대선사님께서 대원 선사님을 부르기 며칠 전에, 저녁 입선 시간 중에 노장님 몇 분만이 자리에 앉아있을 뿐 자리가 텅텅 비어 있었다고 한다.

대원 선사님께서 이상히 여기고 있던 중, 밖에서 한 젊은 수좌가 대원 선사님을 불렀다. 그 수좌의 말이 스님들이 모두 윗산에 모여 기다리고 있으니 가자고 하기에 무슨 일인가 하고 따라가셨다.

그러자 그 자리에 있던 법성 스님이 보자마자 달마불식 법문을 들고 이르라고 하기에 지체없이 답하셨다.

"드러났다."

곁에 계시던 송암 스님께서 또 안수정등 법문을 들고 물으셨다.

"여기서 어떻게 살아나겠소?"

대뜸 큰소리로 이르셨다.

"안·수·정·등."

이에 좌우에 모인 스님들이 함구무언(緘口無言)인지라 대원 선사님께서는 먼저 그 자리를 떠나 내려와 버리셨다.

그 다음날 입승인 명허 스님께서 아침 공양이 끝난 자리에서 지난 밤 입선시간 중에 무단으로 자리를 비운 까닭을 묻는 대중 공사를 붙여 산 중에서 있었던 일들이 낱낱이 드러나고 말았다. 그리하여 입선시간 중에 자리를 비운 스님들은 가사 장삼을 수하고 조실인 전강 대선사님께 참회의 절을 했던 일이 있었다.

전강 대선사님께서는 이때에 대원 선사님께서 달마불식 도리에 대해 일렀던 경지를 점검하셨던 것이다.

이런 철저한 검증의 자리가 있었던 다음 날, 전강 대선사님께서 부르시기에 대원 선사님께서 가보니 주지인 월산(月山) 스님께서 모든 것이 약조된 데에서 입회해 계셨으며 전강 대선사님께서는 곧바로 다음과 같이 전법게(傳法偈)를 전해주셨다.

 전 법 게

부처와 조사도 일찍이 전한 것이 아니거늘
나 또한 어찌 받았다 하며 준다 할 것인가
이 법이 2천년대에 이르러서
널리 천하 사람을 제도하리라

佛祖未曾傳
我亦何受授
此法二千年
廣度天下人

덧붙여 이 일은 월산 스님이 증인이며 2000년까지 세 사람 모두 절대 다른 사람이 알게 하거나 눈에 띄게 하지 않아야 한다고 당부하셨다.

만약 그러지 않을 시에는 대원 선사님께서 법을 펴 나가는데 장애가 있을 것이라고 예언하셨다. 또한 각별히 신변을 조심하라 하시고 월산 스님에게 명령해 대원 선사님을 동화사의 포교당인 보현사에 내려가 교화에 힘쓰게 하셨다.

대원 선사님께서 보현사로 떠나는 날, 전강 대선사님께서는 미리 적어두셨던 부송(付頌)을 주셨으니 다음과 같다.

 부 송

어상을 내리지 않고 이러-히 대한다 함이여
뒷날 돌아이가 구멍 없는 피리를 불리니
이로부터 불법이 천하에 가득하리라

不下御床對如是
後日石兒吹無孔
自此佛法滿天下

위의 송의 '어상을 내리지 않고 이러-히 대한다 함이여'라는 첫째 줄 역시 내력이 있는 구절이다.

전에 대원 선사님께서 전강 대선사님을 군산 은적사에서 모시고 계실 당시 마당에서 홀연히 마주쳤을 때 다음과 같은 문답이 있었다.

전강 대선사님께서 물으셨다.

"공적(空寂)의 영지(靈知)를 이르게."

대원 선사님께서 대답하셨다.

"이러-히 스님과 대담(對談)합니다."

"영지의 공적을 이르게."

"스님과의 대담에 이러-합니다."

"어떤 것이 이러-히 대담하는 경지인가?"

"명왕(明王)은 어상(御床)을 내리지 않고 천하 일에 밝습니다."

위와 같은 문답 중에 대원 선사님께서 답하신 경지를 부송의 첫째 줄에 담으신 것이다.

전강 대선사님께서 대원 선사님을 인가(印可)하신 과정을 볼 때 한 번, 두 번, 세 번을 확인하여 철저히 점검하신 명안종사의 안목에 탄복하지 않을 수 없으며 이에 끝까지 1초의 머뭇거림도 없이 명철하셨던 대원 선사님께 찬탄하지 않을 수 없다.

그리하여 법열로 어우러진 두 분의 자리가 재현된 듯 함께 환희 용약하지 않을 수 없다.

이제 전강 대선사님과 약속한 2천년대를 맞이하였으므로 여기에 전법게를 밝힌다.

이로써 경허, 만공, 전강 대선사님으로 내려온 근대 대선지식의 정법의 횃불이 이 시대에 이어져 전강 대선사님의 예언대로 불법이 천하에 가득할 것이다.

21세기에
인류가 해야 할 일

21세기에 인류가 해야 할 일

　이 사람은 1962년 26세 때부터 21세기에 인류에게 닥칠 공해문제, 에너지문제를 예견하고 대체에너지(무한원동기, 태양력, 파력, 풍력 등) 개발과 '울 안의 농법'을 연구하고 그 필요성을 많은 이들에게 이야기해 왔습니다.

　당시에는 너무 시대를 앞서가는 이야기여서인지 일반인들이 수용하지 못하고 오히려 불신의 눈으로 바라보며 이 사람의 법마저 의심하였습니다. 하지만 현대에 있어서는 이것이 인류가 해결해야 할 가장 절박한 사안이 되어 있습니다.

　'사막화방지 국제연대'를 설립한 것도 현재 인류가 해결해야 할 가장 절박한 지구환경문제를 이슈화시키고 그 해결책을 제시하여 재앙에 직면한 지구촌을 살리기 위해서입니다.

　'사막화방지 국제연대'에서 추진하고 있는 사막화 방지, 지구 초원화, 대체에너지 개발은 온 인류가 발 벗고 나서서 해야 할 일입니다.

첫째 사막화 방지에 있어서 기존에 해왔던 '나무심기 사업'은 천문학적인 예산과 많은 인력을 동원하고도 극도로 황폐한 사막화된 환경을 되살리는 데 실패하였습니다.

그래서 이 사람은 사막화 방지에 있어서는 '사막 해수로 사업'을 새로운 방안으로 제시하였습니다.

사막 해수로 사업은 사막화된 지역에 수도관을 매설하여 바닷물을 끌어들여서 염분에 강한 식물을 중심으로 자연생태계를 복원하는 사업입니다.

이것은 나무심기 사업으로 심은 나무들이 절대적으로 물이 부족하여 생존할 수 없었던 문제를 해결할 수 있는, 현재로서는 유일한 해결책입니다.

그러나 '사막화방지 국제연대'의 목적은 사막이 확장되는 것을 방지하자는 것이지 사막 전체를 완전히 없애자는 것은 아닙니다. 인체에서 심장이 모든 피를 전신의 구석구석까지 골고루 보내어 살아서 활동하게 하듯이 사막은 오히려 지구의 심장 역할을 하는 중요한 곳이기 때문입니다.

그래서 21세기에 있어서는 다만 사막의 확장을 방지할 뿐 아니라 사막을 어떻게 운용하느냐를 연구해야 합니다.

사막에 바둑판처럼 사방이 막힌 플륨관 수로를 설치하여 동, 서, 남, 북 어느 방향의 수로를 얼마만큼 채우느냐 비우느냐에 따라, 사막으로부터 사방 어느 방향으로든 거리까지 조절하여, 원하는 지역에 비를 내리게 하고 그치게 할 수 있습니다. 철저히 과학적인

데이터에 의해 이렇게 사막을 운용함으로써 21세기의 지구를 풍요로운 낙원시대로 만들어가야 합니다.

둘째로 지구를 초원화할 수 있는 방안으로서 3년간의 실험을 통해, 광활한 황무지 지역을 큰 비용을 들이거나 많은 인력을 동원하지 않고도 짧은 시간 내에 초지로 바꿀 수 있는 식물을 찾아냈습니다.

그것은 바로 '돌나물'입니다. 돌나물은 따로 종자를 심을 필요가 없이 헬리콥터나 비행기로 살포해도 생존, 번식할 수 있으며, 추위와 더위, 황폐한 땅에서도 살아남을 수 있는 생명력과 번식력이 강한 식물입니다.

지구환경을 되살리는 초지조성 사업에 있어서 이것이 큰 도움이 되리라 생각합니다.

셋째의 대체에너지 개발에 있어서는 태양력, 파력, 풍력 등 1962년도부터 이 사람이 연구하고 얘기해왔던 방법들이 이미 많이 개발되어 실용화한 단계에 있습니다.

이 세 가지 일은 한 개인이나 한 국가가 할 수 있는 일이 아닙니다. 모든 국가가 앞장서서 전 세계적인 사업으로 이루어져야 합니다. 모든 국가가 함께 한 기금조성이 이루어져야 하고 기금조성에 참여한 국가는 이 시스템에 의한 전면적인 혜택을 입을 수 있도록 해야 합니다.

인류 모두가 지혜를 모아 이 일에 전력을 다한다면 인류는 유사 이래 가장 좋은 시절을 맞이하게 될 것이며, 만약 이 일을 남의 일인 양 외면한다면 극한의 재앙을 면할 수 없을 것입니다.

이 사람이 오래 전부터 얘기해왔던 '울 안의 농법'은 이미 미국 라스베이거스(Las Vegas)에서 30층짜리 '고층 빌딩 농장'으로 구현되었습니다. 그렇게 크게도 운영될 수 있지만 각자 자신의 집에서 이루어지는 '울 안의 농법'도 필요합니다.

21세기에 있어서 또 하나 인류가 만일의 사태를 대비해서 연구, 추진해야 될 일이 있다면 바닷속에서의 수중생활, 수중경작입니다.

지구가 심하게 온난화될 경우, 공기가 너무 많이 오염될 경우, 바닷물이 높아져 살 땅이 좁아질 경우 등에 대비할 때, 인류는 우주에서의 삶보다는 바닷속에서의 삶을 준비해야 합니다. 왜냐하면 그것이 훨씬 수월하고 비용도 절감할 수 있기 때문입니다.

이렇게 깨달은 이는 이변적으로는 깨달음을 얻게 하여 영생불멸의 삶을 영위할 수 있도록 만인을 이끌어야 하며 사변적으로는 일반인이 예측할 수 없는 백 년, 천 년 앞을 내다보아 이를 미리 앞서 대비하도록 만인의 삶을 이끌어줘야 한다고 생각합니다.

불법의 뜻은 다만 진리 전수에만 있는 것이 아니니, 만인이 서로 함께 영원한 극락을 누릴 때까지 물심양면으로, 이사일여로 베풀어 교화해야 하기 때문입니다.

부록 4

가슴으로 부르는
불심의 노래

여기에 실린 것들은 모두 농선 대원 선사님
께서 직접 작사하신 곡들이다.

　수행의 길로 들어서게끔 신심, 발심을 북돋
아주는 곡으로부터 수행의 길로 접어든 이의
구도의 몸부림이 담겨있는 곡, 대승의 원력을
발해서 교화하는 보살의 자비심과 함께 낙원
세계를 누리는 풍류를 그려놓은 곡까지 가사
한마디, 한마디가 생생하여 그 뜻이 뼛속 깊이
새겨지고 그 멋에 흠뻑 취하게 된다.

　농선 대원 선사님께서는 거칠고 말초적인
요즘의 노래를 듣고 이러한 정서를 순화시키
고자, 또한 수행의 마음을 진작시키고자 하는
뜻에서 이 곡들을 작사하셨다.

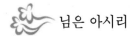 님은 아시리

1 부

1. 사계절의 풍광인들 위로되겠니
서사시의 음률인들 쉬어지겠니
뜻과 같이 되지 않아 기도에 젖은
이 마음 님은 아시리
한 세상 열정 쏟아 닦는 수행길
불보살님 출현하셔 베푼 자비에
모든 망상 모든 번뇌 없었으면 좋으련만
마음대로 안 되는 게 수행이더라, 수행이더라

2. 사계절의 풍광인들 위로되겠니
서사시의 음률인들 쉬어지겠니
뜻과 같이 되지 않아 기도에 젖은
이 마음 님은 아시리
청춘의 모든 욕망 사뤄버리고
회광반조 촌각 아낀 열정 쏟아서
이룬 선정 그 효력이 있었으면 좋으련만
마음대로 안 되는 게 보림이더라, 보림이더라

3. 사계절의 풍광인들 위로되겠니
서사시의 음률인들 쉬어지겠니
뜻과 같이 되지 않아 기도에 젖은
이 마음 님은 아시리
억겁의 모든 습성 꺾어보려고
갖은 노력 갖은 인내 온통 쏟아서
세월 잊은 보림 성취 있었으면 좋으련만
마음대로 안 되는 게 성불이더라, 성불이더라

2 부

1. 사계절의 풍광인들 비유되겠니
가릉빈가 음률인들 비교되겠니
뜻과 같이 자유자재 베풀어놓고
한없이 즐기시련만
그러한 대자유의 삶을 접고서
중생들을 구제하려 삼도에 출현
갖은 역경 어려움을 감내하는 자비로써
깨워주는 그 진리에 눈을 뜨거라, 눈을 뜨거라

2. 사계절의 풍광인들 비유되겠니
가릉빈가 음률인들 비교되겠니
뜻과 같이 자유자재 베풀어놓고
한없이 즐기시련만
억겁을 다하여도 끝이 없을 걸
알면서도 해내겠다 나선 님의 길
가시밭길 험난해도 일관하신 그 자비에
구류중생 깨달아서 정토 이루리, 정토 이루리

3. 사계절의 풍광인들 비유되겠니
가릉빈가 음률인들 비교되겠니
뜻과 같이 자유자재 베풀어놓고
한없이 즐기시련만
낙원의 모든 즐김 떨쳐버리고
삼악도를 낙원으로 이뤄놓겠다
촌각 아낀 그 열정에 모두 모두 감화되어
이 땅 위에 님의 소원 이뤄지리라, 이뤄지리라

불보살의 마음

1. 자비, 그 자비는 눈물이었네
불나방이 불을 쫓듯 가는 이
그래도 못 잊어서 버리지 못해
저리는 저리는 가슴, 그 가슴 안고서
눈물, 피눈물로 저리 부르네

2. 자비, 그 자비는 눈물이었네
제 살 길을 저버리는 이들을
그래도 못 잊어서 버리지 못해
저리는 저리는 가슴, 그 가슴 안고서
눈물, 피눈물로 저리 부르네

나의 노래

1. 노세 노세 봄놀이하세
대천세계 이 봄 경치
한산 습득 친구삼아
호연지기 즐겨볼까
얼씨구나 절씨구
아니나 즐기고 무엇하리

2. 노세 노세 봄놀이하세
걸음 쫓아 이른 곳곳
문수보현 벗을 삼아
화엄광장 춤춰볼까
얼씨구나 절씨구
아니나 즐기고 무엇하리

잘 사는 게 불법일세

1. 잘 사는 게 불법일세
우리 모두 관음보살 지장보살 생활 속에
모시면서
마음 비운 나날들로 바른 삶을 하노라면
불보살님 가피 속에 뜻 이뤄서 꽃을 피운
그런 날이 있을 걸세

2. 잘 사는 게 불법일세
우리 모두 관음보살 지장보살 생활 속에
모시면서
마음 비워 살아가며 시시때때 잊지 않고
참나 찾아 참구하는 그 정성도 함께하면
좋은 소식 있을 걸세

3. 잘 사는 게 불법일세
우리 모두 관음보살 지장보살 생활 속에
모시면서
틈틈으로 회광반조 사색으로 참나 깨쳐
화장세계 장엄하고 얼쉬얼쉬 어울리며
영원토록 웃고 사세

선 승

토함산 소나무 위에 달빛도 조는데
단잠을 잊은 채 장승처럼 앉아있는
깊은 밤 선승의 그윽한 눈빛
고요마저 서지 못한 선정이라
대천도 흔적 없고 허공계도 머물 수 없는
수정 같은 광명이여, 화엄의 세계로세

 ## 우리 모두

우리 모두 만난 인생 즐겁게 살자
부딪치는 세상만사 웃으며 하자
인연으로 어우러진 세상사이니
풀어가는 삶이어야 하지 않겠니

몸종 노릇 하는 사이 맘 챙겨 살자
맑고 맑은 가을 허공 그렇게 비워
명상으로 정신세계 사무쳐보자
언젠가는 깨쳐 웃는 그날이 오리

한산 습득 껄껄 웃는 그러한 웃음
웃어가며 모든 일을 대하는 날로
활짝 펼쳐 어우러진 그러한 삶을
우리 모두 발원하며 즐겁게 살자

 ## 마음이 나로세

본래 마음이 나이건만
몸이 내가 된 삶이 되어
갖은 고통이 따랐다네

맘이 내가 된 삶으로서
갖은 고통이 없는 삶을
우리 누리고 살아보세

이리 쉽고도 쉬운 일을
어찌 등 돌린 삶으로서
고통 속에서 헤매는고

마음 수행을 모두 하여
나고 죽음이 없음으로
태평 세월을 누려보세

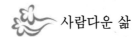 ## 거룩한 만남

불법을 만난 건 행운 중 행운이고 내 생의 정점일세
거룩한 이 법을 만나는 사람이면 서로가 권하고 권을 하여
함께 하는 일상의 수행이 되어서 다 같이 누리는 낙원 이뤄
고통과 생사는 오간 데 없고 웃음과 평온만 넘치고 넘쳐
길이길이 끝이 없는 복락 누리세

여래의 큰 은혜 순간인들 잊으랴 수행해 크게 깨쳐
구제를 다함만 큰 은혜 갚음이니 노력과 실천 다해
우리 모두 씩씩한 낙원의 역군이 되어 봉화적인 이생의 삶
으로써
최선을 다하여 부끄럼 없는 대장부로, 은혜 갚는 장부로
길이길이 끝이 없는 복락 누리세

사람다운 삶

1. 사람이 사람다운 사람이 되려면
명상으로 비우고 비워서
고요의 극치에 이르러
자신을 발견한 슬기로써
마음을 다스리는 연마 후에
그 능력으로 모두가 살아가야
평화로운 세상이 활짝 열려
모두 함께 누릴 걸세

2. 서로가 다툼 없이 서로를 아껴서
마음으로 베풀고 베푸는
사회로 이루어 간다면
낙원이 멀리만 있는 것이 아니라
살고 있는 이대로가 낙원이란 걸
모두가 실감하는
우리들의 세상이 활짝 열려
모두 함께 누릴 걸세

 즐거운 마음

1. 우리 모두 선택받은 제자 되어
즐거운 맘 하나 되어 축하합니다
그 무엇을 이룬들 이리 좋으며
황금보석 선물인들 이만하리까
부처님의 가르침만 따르오리다
실천하리라 실천하리라

2. 부처님의 뒤 이을 걸 맹세하며
다짐으로 즐기는 맘 가득합니다
당당하게 행보하는 구세의 역군
혼신 다해 낙원 이룬 이 세계에서
함께 사는 즐거움을 생각하며
노래합니다 노래합니다

 사는 목적

우리 모두 행복을 찾아 영원을 찾아
내면 향해 비춰보는 명상으로
앉으나 서나 일을 하나 최선을 다하세
하루의 해가 서산을 붉게 물들이고
합장 기도하여 또 다짐과 맹서의 말
뜻 이루어 이 세상의 빛이 돼서
구류를 생사 고해에서 구제하는 사람으로
영원히 영원히 살 것입니다

 바른 삶 1

우리 삶을 두고서 허무하다 누가 말했나
본래 마음이 나 아닌가
그 마음 나를 삼아 살면 되지
지금도 늦지 않네 우리 모두
오늘부터 모두들 마음으로 나를 삼아
길이길이 웃고들 사세

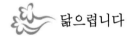 바른 삶 2

1. 어디어디 어디라 해도
마음 찾아 바로만 살면
그곳 바로 극락이라네
세상분들 귀담아듣고
사람 몸을 가졌을 때에
모든 고비 극복해내서
참선으로 참나를 깨쳐
걸림 없는 해탈의 세상
누려보세 누려들 보세

2. 어두운 곳 태양이 뜨듯
중생계에 불타 출현해
바른 삶으로 인도하셔
복된 날을 기약케 하니
아니아니 좋고 좋은가
이 몸 주인 통쾌히 깨쳐
억겁 업을 말끔히 씻고
걸림 없는 해탈의 세상
누려보세 누려들 보세

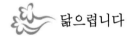 닮으렵니다

관세음보살 관세음보살
지극한 마음으로 닮으려고
오늘도 노력하며 주어진 일을 하면
하루가 훌쩍 가는 줄도 모른다오
관세음 관세음보살
님께서 베푸는 그 넓은 사랑을
이 맘 속에 기르고 길러서
실천하는 그런 장부 되어서
큰 은혜 갚을 겁니다

수행과 깨침

1. 그릴 수도 없는 마음, 만질 수도 없는 마음
찾으려는 수행이라 모든 것을 다 버리고
모든 생각 비우기를 몇천 번이었던가
머리 터져 피 흘려도 멈출 수가 없는 공부
이 공부가 아니던가

2. 놓지 못해 우두커니 장승처럼 뭐꼬 하고 앉았는데
앞뒤 없어 몸마저도 공해버린 여기에서 이러-한 채
시간 간 줄 모른 채로 눈을 감고 얼마간을 지나던 중
한 때 홀연 큰 웃음에 화장계일세

걱정 말라

1. 걱정 말라 걱정을 말라 불보살님 말씀대로만 행한다면
안 풀리는 일 없다 하지 않았던가
육근으로 보시를 하며 웃고 살자 웃고들 살자
백년 미만 우리네 인생, 세상 만사 마음먹기 달렸다고
일러주시지 않았던가 걱정을 말라

2. 이리 봐도 저리를 봐도 모두모두 내 살림일세
간섭할 수 없는 내 살림 아니아니 그러한가
이리 펼치고 저리 펼쳐 육문으로 지은 복덕
베푸는 맛이 아니 좋은가 우리 사는 지구인 별 함께 가꿔
낙원으로 만들어서 살아들 보세

정한 일일세

우리네 삶이란 것
풀끝 이슬 아니던가
서로서로 위로하고 아끼면서
우리 모두 착한 삶이
이어져 가노라면
언젠가는 행복한
그날이 우리에게
찾아오는 것 정한 일일세
찾아오는 것 정한 일일세

여기가 낙원

참나 찾아 영원을 향해
한눈 안 팔고 노력하고
가정 위해 사회를 위해
뛰고 뛰고 혼신을 다한
나의 노력 결실이 되어
일상에서 누리는 나날
선 자리가 낙원이 되니
초목들도 어깨 춤추고
산새들도 축하를 하네

 따르럽니다

1. 우리 모두 합장 공경 하옵니다
크고 작은 근심 걱정 썼어주려
우릴 찾아 오셨으니 감사합니다 고맙습니다

2. 우리 모두 손에 손을 맞잡고서
즐거움게 노래하고 춤을 추며
우리에게 오신 님을 경하합니다 축하합니다

3. 우리들의 깊은 잠을 깨워주서
영생불멸 낙원의 삶 누리게끔
해주시려 오신 님을 공경합니다 따르럽니다

 지장보살

지장보살 두 눈의 흐르는 눈물
마르실 날 언제일까 생각하고 또 생각해도
이 세상의 사람들이 멀어지게만 하고 있네요
보살님 어찌해야 하오리까
반야의 실천으로 최선 다해 돕는다면
안 되는 일 있으리까
대원본존 지장보살 나무 지장보살
얼씨구나 절씨구나 한 판 놀음 덩실덩실 살
아들 보세

 나는 바보

나는 바보다 나는 바보야
역지사지 알다보니 바보가 되었네
그렇지만 내 주위는 언제나 웃음이 있고
나눔이 있어 행복하다네
나는 나는 그런 바보야
나는 나는 그런 바보야

옛 고향

고향 옛 고향이 그리워 거니는 산책에
고요한 달빛 휘영청 밝고 밤새는
그 무슨 생각에 저리 부르는 노래인데
숲 타고 온 석종소리에 열리는 옛 내 고향
그리도 캄캄하던 생각들은 흔적도 없고
고요한 마음 옛 고향 틸끝만큼도
가리운 것이란 없었는데
어찌해 그 무엇에 어두웠던고 고향길 옛 내 고향
나는 따르리라 끝없는 일이라 하여도
님 하신 구제 고난과 역경
그 어떤 어려움 닥쳐도
님 하시는 일이라면 멈추는 일 없을 것일세
이것만이 보은이라네 보은이라네

곰탱이

곰탱이 곰탱이 미련 곰탱이
세상 사람 요구 따라 다 들어준
사람더러 곰탱이라네
요구 따라 따지지 않고
들어주기 바쁜 이를 놀려대며 하는 말
곰탱이 곰탱이 미련 곰탱아
그리 살다간 끝내는 빌어먹을 쪽박마저
없겠구나 미련 곰탱아
그래도 덩실덩실 추는 춤을
보며 깔깔 웃는 사람들아
웃는 자신 모르니 서글퍼 내 하는 말
한 판의 꿈속이라 천금만금 쓸데없네
깔깔 웃는 그 실체를 자신 삼아 사는 삶이 되길
바라고 바라는 곰탱이 춤이로세

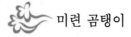 미련 곰탱이

나는 나를 모르는 곰탱이 곰탱이 미련 곰탱이
나라는 나를 보고 듣는 그거라고 보여주듯 일러줌에
동문서답 일관하는 곰탱이 곰탱이 미련 곰탱이
그러므로 성현들의 천하태평 무릉도원 못 누리고
고생고생 살아가는 곰탱이 곰탱이 미련 곰탱이
그런 삶을 면하려면 나라는 나를 깨달아라
자상하게 이끈 말씀 이행 못한 곰탱이 곰탱이 미련 곰탱이
귀천 없이 이끌어서 선 자리가 안양낙원 되게 하신
말씀을 이행 못한 곰탱이 곰탱이 미련 곰탱이
궁전 낙을 저버리시고 고행 수도 다하셔서
나란 나를 깨침으로 영생의 낙원으로 이끄셨네
이 기회를 놓친다면 다시 만나기 어려웁고 어려우니
칠야삼경 봉화 같은 그 지혜의 광명 받아
각자 것이 되게 하란 그 말씀을
실행 못한 곰탱이 곰탱이 미련 곰탱이
그 지혜의 이끔 받아 각자 경지 이러-히 되는 날엔
백사 만사 무엇이든 뜻대로 이뤄진다 권한 말씀
실행 못한 곰탱이 곰탱이 미련 곰탱이
눈앞의 그 작은 것 쫓다가 영원한 삶의 낙 놓치지 않으려면
나란 나를 꼭 깨달으란 귀한 말씀
실행 못한 곰탱이 곰탱이 미련 곰탱이
금구 성언 귀담아듣지 않고 흘려듣다간
백 년도 못 채운 후회막심 삶 되리니
새겨듣고 새겨들어 실천하란 그 말씀
실행 못한 곰탱이 곰탱이 미련 곰탱이
실천하여 깨닫고 박장대소 하는 날엔
삼세 성현 모두모두와 곰탱이 곰탱이가
누리 안은 광명 놓네 누리 안은 광명 놓아 삼창을 할 거라네

부처님의 말씀

부처님 말씀은 하나하나 자비더라
그러기에 불자들은 온화하고 선하더라
부처님 가르치는 이치는 흐르는 물이고
서늘한 산바람이며 봄꽃 향기요
심금을 울리는 연주요 노래요
포근한 어머니의 사랑이더라
바다처럼 넓고 넓은 자비의 품이더라
포근하고 온화한 그 가르침 하나하나
이치에 어긋남이 없으신 진실이더라
모두모두 다 함께 우리 모두 닮자구요
모두모두 다 함께 우리 모두 닮자구요
모두모두 다 함께 우리 모두 닮자구요
어쩌다 어쩌다 이런 가르침을 만났는지
이 다행 이 요행 헛되이 하지 않아
이 생에 깨달아서 이 크고 큰 은혜
갚는 일에 소홀하지 않으리라
감사합니다 감사합니다 우리 부처님
당신의 후예들마저도 유일하게
전쟁 같은 일들은 일으키지 않습니다
사랑하라 하면서 용서하라 하면서
사람이 사람을 죽이는 일
파리 목숨 취급하듯 하는 일이
있어서야 되겠습니까
혹시라도 이런 일이 종교에 있어서는
절대로 안 되는 일이라 믿습니다
관세음보살 나무아미타불
우리 모두 서로가 서로를 아끼고
사랑합시다 사랑합시다 사랑합시다

즐겁게 살자

나를 찾아 행복을 찾아
내면 향한 명상으로 비춰보며
오늘도 최선을 다한 하루해가 져가네
노을빛 곱게 물이 들고 내 꿈도 이뤄져간다
생각만 하여도 보람찬 미소를 짓는다
세상만사 별것이더냐
서로서로 도와가며 살면서
틈틈이 내면 향한 명상으로
몸 건강 마음 건강 챙기며 사노라면
참나 깨친 박장대소도 짓고
세상 고별 마음대로 하는 날도 있을 걸세
그런 날을 기대하며 일하고 명상하며
하루하루 즐겁게 살자

행복이란

즐거웁게 즐겁게
살아가면 좋잖아
한 번뿐인 인생인데
모두 활짝 웃어요
신이 나게 웃어요
행복이란 돈과 직위에
있는 것 아니라네
행복이란 그 어떤 마음으로
사느냐에 있다네
다 같이 다 같이 웃어들 봐요
그 웃음 타고 행복이 오네
짧은 인생살이 이렇게
만들어가며 살아들 보세

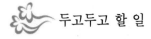 두고두고 할 일

아미타불 사유를 깊이깊이 하여서
하늘땅 생긴 이래 오늘에 이르도록
크나큰 은산철벽 너머 일처럼
까마득히 모르던 나를 깨달았으나
모양 빛깔 없어서 쥐어줄 수도
보여줄 수도 없는 일이라서
입은 옷 뒤집어 보이듯 못하니 한이구나
그러나 보고 듣고 하는 바로 그것이니
마음눈을 활짝 열어 듣는 그곳 향해 살펴봐요, 살펴봐
하늘땅이 간 곳 없고 자신까지 사라진 데서
듣고 아는 그것 내가 아니던가
깊이깊이 참구해서 참나 찾아 결정신을 내리게나
다생겁의 윤회 중에 몸종 노릇 허사란 걸 경험하지 않았던가
그 깨달음에 비추어 세상 일에 응해가며
보림수행하는 일에 방심하지 않아서
구경각을 성취 후에 모든 류를 구제해서
큰 불은 갚음만이 두고두고 할 일일세, 두고두고 할 일일세

화엄의 세계

1. 각자 마음 깨닫고 봐요
누리 그 모두가 장엄이네 장엄, 빛의 장엄
어느 하나 마음의 장엄 아닌 게 없네, 없어
다함 없고 끝이 없는 보고 듣는 마음 하나 바로 쓰면
이대로가 무릉도원 화엄의 세계로세

2. 보고 듣고 느끼고 생각하는
그 모든 것 장엄이네 장엄, 빛의 장엄
어느 하나 빛의 장엄 아닌 게 없네, 없어
다함 없고 끝이 없는 보고 듣는 마음 하나 바로 쓰면
이대로가 화장세계 장엄의 세계로세

일체유심조

듣는 나를 내가 보니
바탕 없는 그 몸에

함께 이뤄 누립시다
함께 이뤄 누립시다

(아리랑 후렴)

손에 손을 서로잡고
함께 누린 삶으로써

갖은 묘용 지녀 있어
오고 감은 물론이요

어화둥둥 좋고 좋아
얼씨구나 좋고 좋다

전능으로 베풀어서
모두 함께 즐겨가며

일상이 된 이런 삶이
맘이 나 된 결과로세

일체 모두 지어내고
그걸 또한 응용하여

이 마음이 내가 된 삶
이렇게도 상상밖에

후세들을 깨우는 낙
함께 하는 삶이니

이런 일을 아니하고
그 무엇을 할것인가

자유자재 그 능력
못하는 것 하나 없네

달라질 수 있을까-
너무나도 달라져서

이 아니들 좀도 좋고
얼씨구나 좋고 좋다

모두 모두 맘이 나된
그 일 실천 꼭 하여서

온 누리에 펼쳐놓고
어울려 누려사세

내자신이 놀라웁고
놀라워서 뭐라못해

이 능력과 이 힘이면
온 세상을 바꿔 놓는

태평세월 함께 누린
그런 삶을 누려보세

이리 좋은 자기능력
전혀 몰라 헤매이는

조용하고 차분함 속
이 즐거움 말로 못해

그 어떠한 일이라도
어렵게 뭐 있으리

얼씨구나 좀도 좋고
절씨구나 좋고 좋다

세상 사람 갖은 고통
몸종 노릇 결과이니

온 누리를 선 자리서
볼 수 있는 능력이여

뜻있으면 길이 있고
길있으면 하면 되는

(아리랑 후렴)

마음 나된 삶으로써
억겁 굴레 벗어나서

과거일을 알 수 있고
미래일을 예감하는

이리 좋은 그 방법이
맘이 나된 그거로세

맘이 지닌 능력회복
한시 빨리 이루어서

지혜능력 갖춰있어
실수란 것 없는 삶-

이리 좋은 길을 두고
안할 사람 뉘 있으리

영원한 본래 삶을
같이 누려 살아 가세

꿈 세계도 창조하는
모두 지닌 능력이니

이 일만이 길이길이
행복누릴 길이로세

(아리랑후렴)

뜻 있으면 가능하니
이 아니 전능한가

넓고 넓은 누리 정원
펼쳐 놓고 모두 함께

내 마음 내가 된 삶

내 마음 내가 된 삶
모두들 살아봐요

신기하고 신기하다
신기하고 신기해
(세번 반복)

내 마음 내가 되니
영원한 삶이로세

신기하고 신기하다
신기하고 신기해
(세번 반복)

내 마음 내가 되니
안되는 일 없구나

신기하고 신기하다
신기하고 신기해
(세번 반복)

(아리랑 후렴)

꿈 세계도 창조한데
무엇인들 안될건가

신기하고 신기하다
신기하고 신기해
(세번 반복)

원근거리 상관없이
동시에 이르르니

신기하고 신기하다
신기하고 신기해
(세번 반복)

산하석벽 걸림 없이
자유로이 오고가니

신기하고 신기하다
신기하고 신기해
(세번 반복)

(아리랑 후렴)

상대방의 마음도
읽어낼 수 있으니
그 아니 신기한가

신기하고 신기하다
신기하고 신기해
(세번 반복)

과거 현재 미래 일을
앞 일처럼 아는 능력

신기하고 신기하다
신기하고 신기해
(세번 반복)

내 마음 내가 되면
이런 자유 누려사니
그 아니 신기한가

신기하고 신기하다
신기하고 신기해
(세번 반복)

온 누리의 모든 사람
이 행복을 같이 누려
살아들 봅시다

신기하고 신기하다
신기하고 신기해
(세번 반복)

아리랑 아리랑 아라리요
아리랑 고개로 넘어간다

좀도 좋다

듣는 나를 알지 못해
생활하는 그 가운데
알고파서 명상한데

어허 참말 이럴수가
창피하고 창피하다
창피하고 창피해-

듣는 그 곳 살펴보면
허공처럼 텅텅비어
어찌해야 옳을지를

어허 참말 이럴수가
창피하고 창피하다
창피하고 창피해-

허공처럼 비었으나
그게 듣고 대답하니
그게 바로 내 아닐까

어허 참말 이럴수가
창피하고 창피하다
창피하고 창피해-

그러다가 깨달으니
나고 죽음 본래없는
온통 온통 나로구나

얼씨구야 절씨구야
좀도 좋고 좀도 좋다
좀도 좋고 좀도 좋아

맘이 나 된 삶을 사니
낙원 따로 없는 것을
멍청하게 살았구려

얼씨구야 저절시구
좀도 좋고 좀도 좋다
좀도 좋고 좀도 좋아

꿈의 세계 창조했던
그 능력은 오직 하나
맘이 나된 때문일세

얼씨구야 저절시구
좀도 좋고 좀도 좋다
좀도 좋고 좀도 좋아

이 마음이 내가 되니
천리 만리 시차없고
아니된 일 전혀 없네

얼씨구야 저절시구
좀도 좋고 좀도 좋다
좀도 좋고 좀도 좋아

낙원의 삶 이 아닌가
영원의 삶 이 아닌가
맘이 나 된 삶을 사세

얼씨구야 저절시구
좀도 좋고 좀도 좋다
좀도 좋고 좀도 좋아

🌸 그 말씀

1. 님들의 고구정녕 그 말씀 맘에 새기세
그러면 오는 날엔 행복을 누리며
이웃들을 도우며 살리
개미처럼 개미처럼 개미처럼
개미처럼 개미처럼 개미처럼
개미처럼 개미처럼 개미처럼
이것저것 논하려 하지 말고 서로가
서로를 도와 세상을 이끄는 데 노력하면
이 세상의 그 어떠한 일일지라도
못 이룰 일 없을 것일세
꿀벌처럼 꿀벌처럼 꿀벌처럼
꿀벌처럼 꿀벌처럼 꿀벌처럼
꿀벌처럼 꿀벌처럼 꿀벌처럼

2. 님들의 가르침을 실행한 덕으로써
마음에 갖추어진 갖가지 능력을
부려 써서 누리는 삶을
개미처럼 개미처럼 개미처럼
꿀벌처럼 꿀벌처럼 꿀벌처럼
더불어 함께하면 별유천지 눈앞에 일이로세
이 모든 것이 참고 참아 극복해 이겨냈던
그 공덕의 결실이로세 그 공덕의 결실이로세
구름위의 백학처럼 구름위의 백학처럼 구름위의 백학처럼
함께누려 살아가세 함께누려 살아가세 함께누려 살아가세

웃고 살자

1. 아하하하 우습다 아하하하 우스워
제 그림자 모르고 저라 하는 사람 보고 아니 웃고 울랴
아하하하 우습다 아하하하 우스워(3번 반복)
여섯 도적 종노릇에 헌신하는 사람 보고 아니 웃고 울랴
아하하하 우습다 아하하하 우스워
저승세계 코앞인데 대비 없는 사람 보고 아니 웃고 울랴
아하하하 우습다 아하하하 우스워(3번 반복)
참나 찾지 아니하고 허송하는 사람 보고 아니 웃고 울랴
아하하하 우습다 아하하하 우스워(3번 반복)
아리랑 아리랑 아라리요
아리랑 고개를 넘어간다
나를 버리고 가시는 님은
십 리도 못 가서 되돌아온다

2. 즐겁고도 즐겁다 즐겁고도 즐거워(3번 반복)
좋은 인연 있었던가 거룩한 이 만나서 참나 찾은 이 행운이
즐겁고도 즐겁다 즐겁고도 즐거워(3번 반복)
이 행운을 나 혼자서 누리기에 아쉬워 인도하려 나섰는데
아리랑 아리랑 아라리요 아리랑 아리랑 아라리가 났네
즐겁고도 즐겁다 즐겁고도 즐거워(3번 반복)
영원한 나 찾음으로 한순간에 성취한 낙원의 삶 권하나니
즐겁고도 즐겁다 즐겁고도 즐거워(3번 반복)
우리 모두 다 함께 얼싸안고 누리는 그런 세상 노력하세
즐겁고도 즐겁다 즐겁고도 즐거워(3번 반복)
아리랑 아리랑 아라리요
아리랑 고개를 넘어간다
청천 하늘엔 잔별도 많고
이내 가슴엔 희망도 많다

🌸 서로서로 나누면서

버들 푸르고 꽃 만발하고 나비 춤이더니
녹음이 우거지고 매미들의 노래 가득한 천지
울긋불긋 고운 단풍 어제인 듯한데 눈이 오네
우리 모두의 삶 저러하고 저렇지 않던가
보기도 아까웁고 소중한 형제 자매들이니
서로서로 나누면서 짧은 우리네 삶을 즐김으로 살아가세

🌸 사람 사는 이치

이 세상 사람들 사는 것
농부들 농사를 짓는 것과
조금도 다를 바 없는 이치이니
여러분 귀 기울여 들어보시오
얼씨구나 좋네 지화자 좋네 아니아니 그러한가

봄이 되면 깊이깊이 간직해 둔 씨곡식을
꺼내다 땅을 파고 다듬어서 골을 파고 뿌린 후에
오뉴월 찜더위에 구슬땀을 흘리면서
김을 매어 가꾸는 것은 엄동설한 추운 날에
사랑하는 부모님과 아내 자식들 모두
잘 지내게 하려는 깊은 뜻에서라네
얼씨구나 좋네 지화자 좋네 아니아니 그러한가

어떤 이가 말을 하기를 늘 현재만을 즐겁게 살자
강변함을 보았는데 좋은 말이기는 하지만
그 말은 자칫하면 희망이 없는 잘못된 말이라네
그러므로 내일을 위하여 오늘의 어려움을 즐기면서
밝게밝게 살아갑시다
얼씨구나 좋네 지화자 좋네 아니아니 그러한가

 불법 공부

1. 이 세상 사는 분들게
권하오니 나를 찾는
이뭐꼬 화두 공부를
곰곰이 챙기고 챙겨
쉬지 않고 하다보면
하늘땅도 흔적 없이
사라지고 몸 없는 내가
환한 웃음 짓는 날이
있을테니 결정신을
내리어서 우리 함께
길이길이 누립시다

2. 불법 만난 이 다행을
그 무엇과 비교하랴
이 다행을 만났을 때
최선 다한 실행으로
금생에서 크게 깨쳐
불보살님 칭찬 받는
오후보림 필히 마쳐
중생 다한 그때까지
님의 은혜 갚을 것을
굳은 의지 맹서로써
다짐하고 다짐하세

3. 때가 없고 장소 없이
뜻을 따라 이뤄지는
이리 좋은 세상살이
본래부터 갖춰짐을
누리는 삶 우리 모두
일심동체 그리 되어
이 생 저 생 할 것 없이
얼씨구나 절씨구나
노래하고 춤도 추며
천생만생 누립시다
길이길이 누립시다

 좋구나

좋구나
이곳이 어때서
낙원에 장소가 있나요

마음이 착하면
선 곳이 무릉도원
이런 삶이 참 삶이라네

미소를 지으며
손에 손을 잡고서
태평가를 모두들 불러요

우리들 이렇게 서로 만나 사는 것
백겁천생 인연이라네

세월아 맞춰라
내 즐기고 즐기며
함께하는 이들에게 위로를 하려네

나는 바보

나는 바보다 나는 바보야
역지사지 알다보니 바보가 되었네
그렇지만 내 주위는 언제나 웃음이 있고
나눔이 있어 행복하다네
나는 나는 그런 바보야
나는 나는 그런 바보야

영원한 행복 찾기

불법

1. 사람 사람마다
지닌 그 마음이
내가 된 삶으로
살아 가노라면
자연 알게 되네

둥글고 둥글게
모남없이 살자
(세번 반복)

마음 먹은대로
하고 싶은대로
척척 이뤄지고
꿈을 창조하던
능력 부린 날도
멀지 않으리니

둥글고 둥글게
모남없이 살자
(세번 반복)

노력 실천 다해
영원한 삶으로
영원한 행복을
함께 누려보세
함께 누려보세

둥글고 둥글게
모남없이 살자
(세번 반복)

2. 사람 사람마다
맘을 깨달아서
맘이 내가 되면
평등 그 자체라
자연인이 되어

둥글고 둥글게
모남없이 살자
(세번 반복)

서로 어울려서
나눈 인간미들
행복 그 자체며
오간 말들마다
온화한 그 체취

둥글고 둥글게
모남없이 살자
(세번 반복)

차별없는 베풂
풍족한 맘이고
가족같은 일상
낙원의 이 삶을
함께 누려보세
함께 누려보세

둥글고 둥글게
모남없이 살자
(세번 반복)

불법은 내게 있어
첫째도 둘째에도
내 삶의 이유이고
내 삶의 온통이며
마음의 광채이고
마음의 자비이며
자비의 실천이고
자비의 일상이며
희망의 꽃밭이고
희망의 피안이며
서원의 동력이고
서원의 자산이며
모두의 태평이고
모두의 영원일세

금강의 노래 1

일 없는 경지인 부처님, 중생 위해
한순간도 쉼 없이 일심전력 쏟으시네.

사위국 기수급고독원서 1250명의 비구
들과 계실 때 세존께서 공양 때가 되자
가사 입고 발우 들고 사위성에 들어 차
례차례 비신 후에 본 곳에 오셔 드시고
가사 발우 거둔 다음 발 씻고 자리 펴 앉
으셨네.
이때 장로 수보리 대중 가운데 있다가
자리에서 일어나 오체투지로 앉아 공경
히 합장하고 부처님께 여쭙기를
"희유합니다. 세존이시여. 모든 수행하
는 보살들에게 잘 생각하여 지키게 하시
고 잘 부촉하셨습니다. 그러나 세존이시
여 아뇩다라삼먁삼보리 마음을 내어 어
떻게 머무르며 어떻게 그 마음을 항복시
켜야 합니까?"
"착하고도 착하구나. 수보리야. 네가
말한 대로 여래는 모든 보살들이 잘 생
각하여 지키게 하였고 모든 보살들에게
잘 부촉하였다. 그러나 제삼 청하니 너
희들은 자세히 듣거라. 그대들을 위해
일러주리라.
선남자 선여인들이여, 아뇩다라삼먁삼
보리 마음을 내어 마땅히 이러-히 머물
고 이러-히 그 마음을 항복시켜야 하니
라."

금구성언 말씀대로 실천 다해
내 기어이 성취하여 구류 구제
최선 다해 큰 은혜를 보답하리

"그러하오나 세존이시여, 정말 그렇습
니다만 바라옵건대 보다 더 자세히 듣고
자 하나이다."
부처님께서 수보리에게 말씀하시기를
"모든 보살마하살은 마땅히 이러-히 그
마음을 항복시켜야 하니라. 내가 모든
중생들인 아홉 가지 무리들을 모두 남김
없이 열반에 들게 하여 이러-히 한량없
고 수없고 끝없는 중생을 멸도해서는 진
실로 멸도 얻은 중생이 없어야 하니라.
왜냐하면 수보리야 만일 보살이 아상,
인상, 중생상, 수자상이 있다면 곧 보살
이라 할 수 없기 때문이다.
수보리야, 보살은 마땅히 법에도 머무
름 없이 보시를 해야 하는 것이니 색에
머무름 없이 보시를 해야 하며, 소리나
향기나 맛이나 촉감이나 법에도 머무름
없이 보시를 해야 하니라.
수보리야, 마땅히 보살은 이러-히 보시
를 하여 모든 상에 머무름이 없어야 하
는 것이니, 만약 보살이 상에 머무름 없
이 보시를 하면 그로 인한 복덕은 생각
으로 헤아릴 수 없느니라. 왜냐하면 끝
없는 미래에 누리기 때문이니라.
그대는 어떻게 생각하느냐? 몸과 모
양으로 여래를 볼 수 있겠느냐, 없겠느
냐?"
"볼 수 없습니다. 세존이시여. 몸과 모
양으로는 여래를 볼 수 없습니다. 왜냐
하면 여래께서 말씀하신 몸과 모양은 곧
몸과 모양이 아니기 때문입니다."

"수보리야, 무릇 있는 바 상이 모두 허망하다고들 하나 만약 모든 상이 상 아님을 보면 바로 여래를 본 것이니라."

금구성언 말씀대로 실천 다해
내 기어이 성취하여 구류 구제
최선 다해 큰 은혜를 보답하리

수보리가 부처님께 여쭈었다.
"이상과 같은 말씀을 듣고 참답게 믿음을 낼 중생이 있겠습니까?"
"수보리야, 그런 말을 말라. 내가 열반한 뒤 오백 세가 지난 후라도 계행을 갖추고 복을 닦는 사람이 있어서 이 글귀에 능히 믿는 마음을 내어 이로써 참다움을 삼을 것이니라.
마땅히 알라. 이 사람은 한 부처님, 두 부처님, 세 부처님, 네 부처님, 다섯 부처님에게만 선근을 심은 것이 아니라 이미 한량없는 천만 부처님 처소에서 선근을 심었기에 이 글귀를 듣고 지극한 한 생각에 깨끗한 믿음을 내니라."

금강반야바라밀
금강반야바라밀
금강반야바라밀

금구성언 말씀대로 실천 다해
내 기어이 성취하여 구류 구제
최선 다해 큰 은혜를 보답하리

금강의 노래 2

일 없는 경지인 부처님, 중생 위해
한순간도 쉼 없이 일심전력 쏟으시네.

수보리가 부처님께 여쭈었다.
"세존이시여, 부처님께서 아뇩다라삼먁
삼보리를 얻으셨다 하나 얻은 바 없습니
다."
"그렇고 그렇다 수보리야. 나에게는 아
뇩다라삼먁삼보리나 그 어떤 조그마한
법도 얻음이 없으니 이를 이름하여 아뇩
다라삼먁삼보리라 하니라.
수보리야 이 법은 평등하여 높고 낮음이
없기에 이를 이름하여 아뇩다라삼먁삼보
리라 하니라. 아도 없고, 인도 없고, 중
생도 없고, 수자도 없이 모든 선법을 닦
아야 곧 아뇩다라삼먁삼보리를 얻느니
라.

금구성언 말씀대로 실천 다해
내 기어이 성취하여 구류 구제
최선 다해 큰 은혜를 보답하리

수보리야 선법이라고 말한 것도 여래가
곧 선법도 아닌 이것을 이름하여 선법이
라 할 뿐이니라.
수보리야 만일 어떤 사람이 삼천대천세
계 가운데 있는 모든 수미산왕만 한 일
곱 가지 보배 무더기로 보시한다 해도
이 반야바라밀경의 네 글귀 게송만이라
도 받아 지녀 읽고 외워서 다른 사람을
위하여 설하여 주는 이가 있다면 앞에서
일곱 가지 보배로 보시한 복덕으로는 백

천만억의 일에도 미칠 수 없느니라.
왜냐하면 그 복덕은 끝없는 미래에 누리
기 때문이니라.

다른 사람을 위하여 어떻게 말하여 주겠
느냐?
취할 상이란 것도 없으니 이러-하고 이
러-해서 움직임이 없도록 하라.
왜냐하면 모든 함이 있는 법은 꿈 같고,
허깨비 같고, 물거품 같고, 그림자 같으
며, 이슬 같고, 번개 같아서 마땅히 이
러-히 보아야 하기 때문이니라.

금구성언 말씀대로 실천 다해
내 기어이 성취하여 구류 구제
최선 다해 큰 은혜를 보답하리

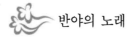 반야의 노래

일 없는 경지인 부처님, 중생 위해
한순간도 쉼 없이 일심전력 쏟으시네

내면 향해 비춰보는 지혜로써 이 몸 공함 바로 보아
나고 죽는 모든 괴로움 벗어나신 관자재의 말씀
들어보오

색이라 하나 공과 다르지 아니하고
공이라 하나 색과 다르지 아니하여
색 그대로 공이고, 공 그대로 색이며
받는 것, 생각하는 것, 행하는 것, 분별도 그렇다네

모든 법의 상도 또한 공했나니
나고 죽음 본래 없고 더럽지도 깨끗지도 아니하며
늘지도 줄지도 않는다네

금구 성언 옳은 말씀
수행이란 힘이 들어도
고비 넘겨 이뤄만 봐요
더 없는 행복을 이루네

공 가운데 색 없어서, 받는 것, 생각하는 것, 행하
는 것, 분별도 없고
눈과 귀와 코와 혀, 몸과 뜻도 없고
빛과 소리, 향기와 맛, 닿는 것과 법도 없어
눈으로 볼 경계 없어 뜻으로 분별할 경계도 없고
무명 없고 무명 다함 또한 없다시네
그러므로 늙고 죽음 없고, 늙고 죽음 다한 것도 본
래 없어
고와 집과 멸과 도도 없다 하고
지혜도 없고 또한 얻음마저 없으니, 얻을 바 없는
까닭이라네

금구 성언 옳은 말씀
이 경지가 힘이 들어도
굽이 넘겨 이뤄만 봐요
영원한 행복을 이루네

보살님들 반야바라밀다를 의지하는 까닭으로
마음에 걸림 전혀 없고
걸림 없는 까닭으로 두려움이 전혀 없어
엎어지고 거꾸러진 꿈결 같은 생각들이
전혀 없어 마침내 열반이라네

삼세 모든 부처님도 지혜로써 저 언덕에 이르
름을 의지한 고로
무상정변정각 이뤘나니 그러므로 알지어다
반야바라밀다는 이러-히 크게 신령한 주며 이
러-히 크게 밝은 주며
이러-히 위없는 주며 이러-히 차별 없는 차별
하는 주라
능히 모든 괴로움을 없앤다 함 진실이지 거짓
없네

아제 아제 바라아제 바라승아제 모지 사바하
아제 아제 바라아제 바라승아제 모지 사바하
아제 아제 바라아제 바라승아제 모지 사바하

금구 성언 옳은 말씀
이 경지를 최선을 다해
이룬다면 끝없는 삶에
영원한 행복을 이루네

치유의 노래

요즈음의 우울증과 가지가지 신경성 질환에 시달리는 사람들
세상에서 들리는 저 모든 소리들을
나의 내면에서 듣는 곳을 향해 비춰보오
쉬운 일은 아니지만 포기하지 않고
듣는 곳을 향해 보고 또 보는 것을
하루 이틀 한 달 두 달 지속하다 보면
어느 날 밖이 없는 고요를 체험하게 될 것일세
얼씨구나 좋네 지화자 좋네 아니아니 그러한가

그 고요를 지속하도록 노력하노라면
어느 날 대상 없는 미소와 동시에 편안함을 체험하게 될 것일세
밖이 없는 이 고요의 편안함을 즐기다 보면
어느 날 밖의 어느 인연을 맞아 그 실체인 자신을 발견할 것일세
이 실체를 발견한 뒤 세상을 살아가는 과정에서
어려운 일이 있으면 바로 그 실체에 비춰 보게
그 어려운 것들이 사라지고 밖이 없는 고요로운 실체의 자신이
대상 없는 미소를 짓게 될 것일세
얼씨구나 좋네 지화자 좋네 아니아니 그러한가

효

1. 아들 딸이 귀엽고 사랑스런 그 속에 우리들의 부모님
어려움에도 끝내 가르치고 기른 정 이제 읽으며
늦은 눈물로써 불초를 뉘우치며 맹세하고 다짐하는
아들 딸이 여기 있으니, 건강히 오래만 사시기를
손 모아 손을 모아 간절하게 바라고 또 바라는
기도를 하옵니다 부모님 입이 귀에 걸리시게 할 겁니다

2. 어렵고도 어려운 보릿고개 그 속에 우리들을 먹이고
가르치느라 정말 그 얼마나 고생이 되셨습니까
허리 두 끈으로 졸라맨 아픔으로 사셨죠
정말정말 오래도록 건강하게만 계셔주신다면
아들 딸을 낳으시고 길러주신 그 노고에 크게 보답할 겁니다
아버님 어머님의 입이 귀에 걸리시게 할 겁니다

🌸 내 말 좀 들어봐요

모두모두 내 말 좀 들어봐요
이 몸이 내가 아니라 이 마음이 나 아닌가
살아가는 생활 속에 명상을 하여
이 맘 찾아 나를 삼아 살아를 봐요
모든 속박 모든 괴롬 벗어나는 아주 좋은 일이니
이제라도 안 늦으니 명상으로 뜻 이루어
영원한 생명, 영원한 행복 우리 모두 누려들 보세
사막화를 막고 사막 경영 시대를 열자

사막화로 급속히 변해가는 이 지구를
방치해선 아니 되네 방치하면
지구가 생긴 이래 최악의 상태 됨은
불을 보듯 뻔한 일일세, 하지만

육십 억의 온 인류가 한 마음 한 뜻 되어
황무지는 돌나물로 푸른 초원 만들고
확장되는 사막화를 배수관의 바닷물로 막는다면
지구가 생긴 이래 가장 살기 좋은 시대를
인류는 맞을 걸세

아리랑 아리랑 아라리요
아리랑 고개를 넘어간다
청천 하늘엔 잔별도 많고
이내 가슴엔 희망도 많다

사막은 지구의 심장

21세기는 사막 경영 시대를 열어
연구에 노력을 다한다면
지상 낙원이 인류에게 달려와서 맞을 걸세

육십 억의 온 인류가 손에 손잡고 한 뜻 되어
사랑하는 마음으로 역경을 헤쳐 나가
사막화를 막고 황무지를 초원으로
살기 좋은 지구촌을 이뤄보세
살기 좋은 지구촌을 이뤄보세

아리랑 아리랑 아라리요
아리랑 고개를 넘어간다
청천 하늘엔 잔별도 많고
이내 가슴엔 희망도 많다

이때 우리는

1. 화산의 폭발로 해서 사람들과 모든 것이 용암펄로 화해버린
이 막막한 우리들을 올바르게 영원으로 끌어주실
성인 중의 성인이신 불보살님 나라에 가 나는 게 꿈이네

2. 태풍이 인가를 덮쳐 다정했던 이웃들은 간 곳 없고
어지러운 벌판 되어 처참하고 참담하기 그지없는 무상한
이 현실에 의지할 분, 생명 밝혀 영원케 한 부처님 뿐이네

3. 지진이 우리의 삶을 삼켜버려 초토화가 되어버린
허망하기 그지없는 우리들의 현실에선 사방천지 둘러봐도
의지해야 할 분은 자신 깨쳐 누리라 한 부처님 뿐이네

잘 사는 비결

참지 못한 결과는 어려움이 닥치고
참고 참는 결과는 좋은 일이 온다네
친구들아 모든 일 힘을 합쳐 맞이면
못 이룰 일 없지만
니 떡 너 먹고 내 떡 나 먹는 그럼 마음 쓴다면
될 일도 아니 된다네
우리 서로 뜻을 합쳐 모두모두 잘 살아보세
이미 이룬 과학문명 선용을 해서 용맹심을 내어
모든 일에 임한다면 행복이 줄을 서서 올 걸세
아리랑 아리랑 아라리요
아리랑 고개를 넘어간다
청천 하늘엔 잔별도 많고
이내 가슴엔 희망도 많다

용서한 결과로는 웃는 날을 맞이하고
베푼 뒤엔 참 좋은 이웃들이 생기네
친구들아 서로들 힘을 합쳐 임하면
못할 일이 없지만
니 떡 너 먹고 내 떡 나 먹는 그런 마음 쓴다면
될 일도 아니 된다네
오늘부터 뜻을 합쳐 우리 한번 잘 살아보세
이미 이룬 과학문명 선용을 해서 용맹심을 내어
모든 일에 임한다면 행복이 줄을 서서 올 걸세
아리랑 아리랑 아라리요
아리랑 고개를 넘어간다
청천 하늘엔 잔별도 많고
이내 가슴엔 희망도 많다

만들자

1. 빌딩숲의 실외기 열
오고가는 차 배기가스
사람소리 기계소리를
원림 속의 새소리와
개울소리 미풍소리
그것으로 만들자 만들자 만들자

2. 이익 따져 주고받는
설왕설래 어지러움
높고 낮은 금속음들을
매미소리 물소리와
노래하는 환경으로
우리 함께 만들자 만들자 만들자

3. 하늘 맑고 별이 빛난
조용하고 시상 뜨는
그런 환경 거닐면서
손에 손을 마주 잡고
노래하는 세상으로
우리 함께 만들자 만들자 만들자

정직하고 착한 마음

1. 정직하고 착한마음
우리모두 실천하면

먼저 가정 화평하고
웃음 꽃에 향내나며

이웃간에 믿음 깊어
서로 소통 이뤄져서

나라위한 일이라면
솔선수범 모두하고

서로 믿는 사회여서
안되는 일 없을걸세

서로 믿고 웃는 사회
우리 모두 힘 모아서
낙원 나라 이뤄내어
세계 이끈 나라 되세

2. 정직하고 착한 행동
우리 모두 실천하면

믿는 마음 두려워져
서로서로 돕게 되고

그리되면 힘 모아서
일일마다 쉬 이뤄져

앞서가는 나라되고
대접받는 국민되어

곳곳에서 우러르는
그런 국민 될 것일세

서로 믿고 웃는 사회
우리 모두 힘 모아서
낙원 나라 이뤄내어
세계 이끈 나라되세

3. 이런 마음 이런 행이
우리 조상 바탕이니

우리 국민 이뤄내어
봉화적인 나라로써

지구촌을 낙원으로
이뤄내는 나라되어

가는 곳곳 두르르는
그런 국민 그런 나라

그런 조상 그런 사상
꽃 피우는 국민 되세

서로 믿고 웃는 사회
우리 모두 힘 모아서
낙원 나라 이뤄내어
세계 이끈 나라 되세

도서출판 문젠(Moonzen Press)의 책들

1. 바로보인 전등록 (전30권을 5권으로)
7불과 역대 조사의 말씀이 1,700공안으로 집대성되어 있는 선종 최고의 고전으로, 깨달음의 정수가 살아 숨쉬도록 새롭게 번역되었다.
464, 464, 472, 448, 432쪽.
각권 18,000원

2. 바로보인 무문관
황룡 무문 혜개 선사가 저술한 공안집으로 전등록, 선문염송, 벽암록 등과 함께 손꼽히는 선문의 명저이다.
본칙 48개와 무문 선사의 평창과 송, 여기에 역저자인 대원 선사의 도움말과 시송으로 생명과 같은 선문의 진수를 맛보여 주고 있다.
272쪽. 12,000원

3. 바로보인 벽암록
설두 선사의 설두송고를 원오 극근 선사가 수행자에게 제창한 것이 벽암록이다.
이 책은 본칙과 설두 선사의 송, 대원 선사의 도움말과 시송으로 이루어져, 벽암록을 오늘에 맞게 바로 보이고 있다.
456쪽. 15,000원

4. 바로보인 천부경

우리 민족 최고(最古)의 경전 천부경을 깨달음의 책으로 새롭게 바로 보였다. 이 책에는 81권의 화엄경을 81자에 함축한 듯한 천부경과, 교화경, 치화경의 내용이 함께 담겨 있으며, 역저자인 대원 선사가 도움말, 토끼뿔, 거북털 등으로 손쉽게 닦아 증득하는 문을 열어놓고 있다.
432쪽. 15,000원

5. 바로보인 금강경

대원 선사의 『바로보인 금강경』은 국내 최초로 독창적인 과목을 내어 부처님과 수보리 존자의 대화 이면의 숨은 뜻을 드러내고, 자문과 시송으로 본문의 핵심을 꿰뚫어 밝혀, 금강경 전체를 손바닥 안의 겨자씨를 보듯 설파하고 있다.
488쪽. 15,000원

6. 세월을 북채로 세상을 북삼아

대원 선사의 선시가 담긴 선시화집 『세월을 북채로 세상을 북삼아』는 선과 시와 그림이 정상에서 만나 어우러진 한바탕이다. 선의 세계를 누리는 불가사의한 일상의 노래, 법열의 환희로 취한 어깨춤과 같은 선시가 생생하고 눈부시게 내면의 소리로 흐른다.
180쪽. 15,000원

7. 영원한 현실

애매모호한 구석이 없이 밝고 명쾌하여, 너무도 분명함에 오히려 그 깊이를 헤아리기 어려운, 대원 선사의 주옥같은 법문을 모아 놓은 법문집이다.
400쪽. 15,000원

8. 바로보인 신심명

신심명은 양끝을 들어 양끝을 쓸어버리는, 40대치법으로 이루어진, 3조 승찬 대사의 게송이다. 이를 대원 선사가 바로 번역하는 것은 물론, 주해, 게송, 법문을 더해 통쾌하게 회통하고 자유자재 농한 것이 이『바로보인 신심명』이다.
296쪽. 10,000원

9. 바로보인 환단고기 (전5권)

『바로보인 환단고기』1권은 민족정신의 정수인 환단고기의 진리를 총정리하여 출간하였다. 2권에는 역사총론과 태초에서 배달국까지 역사가 실려 있으며, 3권은 단군조선, 4권은 북부여에서부터 고려까지의 역사가 실려 있다. 5권에는 역사를 증명하는 부록과 함께 환단고기 원문을 실었다.
344 · 368 · 264 · 352 · 344쪽.
각권 12,000원

10. 바로보인 선문염송 (전30권)

선문염송은 세계최대의 공안집이다. 전 공안을 망라하다시피 했기에 불조의 법 쓰는 바를 손바닥 들여다보듯 하지 않고는 제대로 번역할 수 없다. 대원 선사는 전 공안을 바로 참구할 수 있게끔 번역하고 각 칙마다 일러보였다.

352 368 344 352 360 360 400 440 376 392 384 428 410 380 368 434 400 404 406 440 424 460 472 456 504 528 488 488 480 512쪽 각권 15,000원

11. 앞뜰에 국화꽃 곱고 북산에 첫눈 희다

대원 선사의 선문답집으로 전강 · 경봉 · 숭산 · 묵산 선사와의 명쾌한 문답을 실었으며, 중앙일보의 〈한국불교의 큰스님 선문답〉 열 분의 기사와 기자의 질문에 대한 대원 선사의 별답을 함께 실었다.
200쪽. 5,000원

12. 바로보인 증도가

선종사에 사라지지 않을 발자취로 남은 영가 선사의 증도가를 대원 선사가 번역하고 법문과 송을 더하였다.
자비의 방편인 증도가의 말씀을 하나하나 쳐가는 선사의 일갈이야말로 영가 선사의 본 의중과 일치하여 부합하는 것이라 아니할 수 없다.
376쪽. 10,000원

13. 바로보인 반야심경

이 시대의 야부(冶父)선사, 대원 선사가
최초로 반야심경에 과목을 붙여 반야심경
내면에 흐르는 뜻을 밀밀하게 밝혀놓고
거침없는 송으로 들어보였다.
264쪽. 10,000원

14. 선(禪)을 묻는 그대에게 (전10권 중 2권)

대원 선사의 선수행에 대한 문답집.
깨달아 사무친 경지에 대한 밀밀한 점검
과, 오후보림에 대한 구체적인 수행법 제
시와, 최초의 무명과 우주생성의 원리까
지 낱낱이 설한 법문이 담겨 있다.
280쪽, 272쪽. 각권 15,000원

15. 바로보인 선가귀감

선가귀감은 깨닫고 닦아가는 비법이 고스
란히 전수되어 있는 선가의 거울이라 할
만하다. 더욱이 바로보인 선가귀감은 매
소절마다 대원 선사의 시송이 화살을 과
녁에 적중시키듯 역대 조사와 서산대사의
의중을 꿰뚫어 보석처럼 빛나고 있다.
352쪽. 15,000원

16. 바로보인 법융선사 심명

심명 99절의 한 소절, 한 소절이 이름 그대로 마음에 새겨두어야 할 자비광명들이다.

이 심명은 언어와 문자이면서 언어와 문자를 초월한 일상을 영위하게 하는 주옥 같은 법문이다.

278쪽. 12,000원

17. 주머니 속의 심경

반야심경은 부처님이 설하신 경 중에서도 절제된 경으로 으뜸가는 경이다. 대원 선사의 선송(禪頌)도 그 뜻을 따라 간략하나 선의 풍미를 한껏 담고 있다. 하루에 한 소절씩을 읽고 참구한다면 선 수행의 지름길이 될 것이다.

84쪽. 5,000원

18. 바로보인 법성게

법성게는 한마디로 화엄경의 핵심부를 온통 훤출히 드러내놓은 게송이다. 짧은 글 속에 일체의 법을 이렇게 통렬하게 담아놓은 법문도 드물 것이다.

이렇게 함축된 법성게 법문을 대원 선사가 속속들이 밀밀하게 설해놓았다.

176쪽. 10,000원

19. 달다 - 전강 대선사 법어집

이제는 전설이 된 한국 근대선의 거목인
전강 선사님의 최상승법과 예리한 지혜,
선기로 넘쳤던 삶이 생생하게 담겨 있는
전강 대선사 법어집 〈 달다 〉!
전강 대선사님의 인가 제자인 대원 선사
가 전강 대선사님의 법거량과 법문, 일화
를 재조명하여 보였다.
368쪽. 15,000원

20. 기우목동가

그 뜻이 심오하여 번역하기 어려웠던 말
계 지은 선사의 기우목동가!
대원 선사가 바른 뜻이 드러나도록 번역
하고, 간결한 결문과 주옥같은 선송으로
다시 보였다.
 146쪽. 10,000원

21. 초발심자경문

이 초발심자경문은 한문을 새기는 힘인
문리를 터득하게 하기 위하여 일부러 의
역하지 않고 직역하였다.
대원 선사의 살아있는 수행지침도 실려
있다.
 266쪽. 10,000원

22. 방거사어록

방거사어록은 선의 일상, 선의 누림을 보여주는 대표적인 선문이다. 역저자인 대원 선사는 방거사어록의 문답을 '본연의 바탕에서 꽃피우는 일상의 함'이라 말하고 있다. 법의 흔적마저 없는 문답의 경지를 온전하게 드러내 놓은 번역과, 방거사와 호흡을 함께 하는 듯한 '토끼뿔'이 실려 있다.

306쪽. 15,000원

23. 실증설

이 책의 모태는 대원 선사가 2010년 2월 14일 구정을 맞이하여 불자들에게 불법의 참뜻을 보이기 위해 홀연히 펜을 들어 일시에 써내려간 이 책의 3부이다. 실증한 이가 아니고는 설파할 수 없는 일구 도리로 보인 이 3부와 태초로부터 영겁에 이르는 성품의 이치를 문답과 인터뷰 법문으로 낱낱이 설한 1, 2를 보아 실증하기를…

224쪽. 10,000원

24. 하택신회대사 현종기

육조대사의 법이 중국천하에 우뚝하도록 한 장본인, 하택신회대사의 현종기. 세간에 지해종도로 알려져 있는 편견을 불식시키는 뛰어난 깨달음의 경지가 여기에 담겨있다. 대원 선사가 하택신회대사의 실경지를 드러내고 바로보임으로써 빛냈다.

232쪽. 10,000원

25. 불조정맥 - 韓·英·中 3개국어판

석가모니불로부터 현 78대에 이르기까지 불조정맥진영(佛祖正脈眞影)과 정맥전법게(正脈傳法偈)를 온전하게 갖춘 최초의 불조정맥서. 대원 선사가 다년간 수집, 정리하여 기도와 관조 끝에 완성한 『불조정맥』을 3개국어로 완역하였다.
216쪽. 20,000원

26. 바른 불자가 됩시다

참된 발심을 하여 바른 신앙, 바른 수행을 하고자 해도, 그 기준을 알지 못해 방황하는 불자님들을 위해 불법의 바른 길잡이 역할을 하도록 대원 선사가 집필하여 출간하였다.
162쪽. 10,000원

27. 누구나 궁금한 33가지

21세기의 인류를 위해 모든 이들이 가장 어렵고 궁금해 하는 문제, 삶과 죽음, 종교와 진리에 대한 바른 지표를 제시하고자 대원 선사가 집필하여 출간하였다.
180쪽. 10,000원

28. 108진참회문 – 韓·英·中 3개국어판
전생의 모든 악연들이 사라져 장애가 없어지고, 소망하는 삶을 살게 하기 위해 대원 선사가 10계를 위주로 구성한 108항목의 참회문이다. 한 대목마다 1배를 하여 108배를 실천할 것을 권한다.
170쪽. 15,000원

29. 달마의 일할도 허락지 않는다
대원 선사의 짧고 명쾌한 법문집.
책을 잡는 순간 달마의 일할도 허락지 않는 선기와 맞닥뜨리게 될 것이다. 때로는 하늘을 찌를 듯한 기세와, 때로는 흔적 없는 공기와도 같은 향기를 일별하기를…
190쪽. 10,000원

30. 마음대로 앉아 죽고 서서 죽고
생사를 자재한 분들의 앉아서 열반하고 서서 열반한 내력은 물론 그분들의 생애와 법까지 일목요연하게 수록해놓았다.
446쪽. 15,000원

31. 화두 3개국어판 - 韓·英·中

『화두』는 대원 선사의 평생 선문답의 결정판이다. 생생하게 살아있는 선(禪)을 한·영·중 3개국어로 만날 수 있다. 특히 대원 선사의 짧은 일대기가 실려 있어 그 선풍을 음미하는 데에 큰 도움을 주고 있다.

440쪽. 15,000원

32. 바로보인 간당론

법문하는 이가 법리를 모르고 주장자를 치는 것을 눈먼 주장자라 한다. 법좌에 올라 주장자 쓰는 이들을 위해서 대원 선사가 간당론에서 선리(禪理)만을 취하여 『바로보인 간당론』을 출간하였다.

218쪽. 20,000원

33. 완전한 우리말 불공예식법

부처님께 공양을 올리고 불보살님의 가피를 구하는 예법 등을 총칭하여 불공예식법이라 한다. 대원 선사가 이러한 불공예식의 본뜻을 살려서 완전한 우리말본 불공예식법을 출간하였다.

456쪽. 38,000원

34. 바로보인 유마경

유마경은 불법의 최정점을 찍는 경전이라 할 것이니, 불보살님이 교화하는 경지에서의 깨달음의 실경과 신통자재한 방편행을 보여주는 최상승 경전이다. 대원 선사가 〈 대원선사 토끼뿔 〉로 이 유마경에 걸맞는 최상승법을 이 시대에 다시금 드날렸다.

568쪽. 20,000원

35. 실증설
5개국어판 – 韓 · 英 · 佛 · 西 · 中

대원 선사가 불법의 참뜻을 보이기 위해 홀연히 펜을 들어 일시에 써내려간 실증설! 실증한 이가 아니고는 설파할 수 없는 도리로 가득한 이 책이 드디어 영어, 불어, 스페인어, 중국어를 더하여 5개국어로 편찬되었다.

860쪽. 25,000원

36. 누구나 궁금한 33가지
3개국어판 – 韓 · 英 · 中

누구라도 풀어야 할 숙제인 33가지의 의문에 대한 답을 21세기의 현대인에게 맞는 비유와 언어로 되살린 『누구나 궁금한 33가지』가 한글, 영어, 중국어 3개국어로 출간되었다.

408쪽. 15,000원

37. 달마의 일할도 허락지 않는다
3개국어판 - 韓·英·中

대원 선사의 짧고 명쾌한 법문집인 『달마의 일할도 허락지 않는다』가 한글, 영어, 중국어 3개국어로 출간되었다. 전세계에서 유일하게 활선의 가풍이 이어지고 있는 한국, 그 가운데에서도 불조의 정맥을 이은 대원 선사가 살활자재한 법문을 세계로 전하고 있는 책이다.

308쪽. 15,000원

38. 화엄경 (전81권 중 36권)

대원 선사는 선문염송 30권, 전등록 30권을 모두 역해하여 세계 최초로 1,463칙 전 공안에 착어하였다. 이러한 안목으로 대천세계를 손바닥의 겨자씨 들여다보듯 하신 불보살님들의 지혜와 신통으로 누리는 불가사의한 화엄세계를 열어 보였다.

각권 15,000원

39. 법성게 3개국어판 - 韓·英·中

법성게는 한마디로 화엄경의 핵심부를 훤출히 드러내놓은 게송으로 짧은 글 속에 일체 법을 고스란히 담아 놓았다. 대원 선사의 통쾌한 법성게 법문이 한영중 3개국어로 출간되었다.

376쪽. 15,000원

40. 정법의 원류

『정법의 원류』는 불조정맥을 이은 정맥선원의 소개서이다. 정맥선원은 불조정맥 제77조 조계종 전강 대선사의 인가 제자인 대원 전법선사가 주재하는 도량이다. 『정법의 원류』를 통해 정맥선원 대원 선사의 정맥을 이은 법과 지도방편을 만날 수 있다.

444쪽. 20,000원

41. 바로보인 도가귀감

도가귀감은, 온통인 마음[一物]을 밝혀 회복함으로써, 생사를 비롯한 모든 아픔과 고를 여의어, 뜻과 같이 누려서 살게 하고자 한 도교의 뜻을, 서산대사가 밝혀 놓은 책이다. 대원 선사가 부록으로 도덕경의 중대한 대목을 더하고, 그 대목대목마다 결문(決文)하였다.

218쪽. 12,000원

42. 바로보인 유가귀감

유가귀감은 서산대사가 간추려놓은 구절로서, 간결하지만 심오하기 그지없으니, 간략한 구절 속에서 유교 사상을 미루어 볼 수 있게 하였다. 대원 선사가 그 뜻이 잘 드러나게 번역하고 그 대목대목마다 결문(決文)하였다.

236쪽. 15,000원

출간도서

바로보인 전등록 전 5권
바로보인 무문관
바로보인 벽암록
바로보인 천부경·교화경·치화경
바로보인 금강경
세월을 북채로 세상을 북삼아
영원한 현실
바로보인 신심명
바로보인 환단고기 전 5권
바로보인 선문염송 전 30권
앞뜰에 국화꽃 곱고 북산에 첫눈 희다
바로보인 증도가
바로보인 반야심경
선을 묻는 그대에게 1·2
바로보인 선가귀감
바로보인 법융선사 심명
주머니 속의 심경
바로보인 법성게
달다 -전강 대선사 법어집
기우목동가
초발심자경문
방거사어록

실증설
하택신회대사 현종기
불조정맥 - 한·영·중 3개국어판
바른 불자가 됩시다
누구나 궁금한 33가지
108진참회문 - 한·영·중 3개국어판
달마의 일할도 허락지 않는다
마음대로 앉아 죽고 서서 죽고
화두 - 한·영·중 3개국어판
바로보인 간당론
완전한 우리말 불공예식법
바로보인 유마경
실증설 5개국어판 - 한·영·불·서·중
누구나 궁금한 33가지 3개국어판
- 한·영·중
달마의 일할도 허락지 않는다
3개국어판 - 한·영·중
화엄경 전 81권 중 36권
법성게 3개국어판 - 한·영·중
정법의 원류
바로보인 도가귀감
바로보인 유가귀감

출간예정 도서

화엄경 38권 ~ 81권
바로보인 능엄경 제6권
바로보인 원각경
바로보인 육조단경
바로보인 대전화상주 심경
바로보인 전등록 전 30권
바로보인 위앙록
해동전등록
말 밖의 말
언어의 향기

농선 대원 선사 선송집
진리와 과학의 만남
바로보인 5대 종교
금강경 야부송과 대원선사 토끼뿔
선재동자 참알 오십삼선지식
경봉선사 혜암선사 법을 들어 설하다
십현담 주해
불교대전
태고보우선사어록

법문 MP3를 주문판매합니다

부처님의 78대손이신 농선 대원 전법선사님의 법문 MP3가 나
왔습니다. 책으로만 보아서는 고준하여 알기 어려웠던 선문의 이
치들이 자세히 설하여져 있어서, 모든 궁금증을 시원하게 풀어줄
것입니다.

- 천부경 : 15,000원
- 신심명 : 30,000원
- 현종기 : 65,000원
- 기우목동가 : 75,000원
- 반야심경 : 1회당 5,000원 (총 32회)
- 선가귀감 : 1회당 5,000원 (총 80회)

- 금강경 : 40,000원
- 법성게 : 10,000원
- 법융선사 심명 : 100,000원

대원 선사님 작사 노래 CD 주문판매합니다

가슴으로 부르는
불심의 노래

1. 서 원 가 (3:36)
2. 반조 염불가 (4:00)
3. 소중한 삶 (2:30)
4. 석가모니불 (4:52)
5. 맹서의 노래 (4:25)
6. 염원의 노래 (3:25)
7. 음성 공양 (3:51)
8. 발 심 가 (3:05)
9. 자비의 품 (4:10)
10. 부처님 은혜(첫 번째) (4:34)

11. 보살의 마음 (3:50)
12. 이 생에 해야 할 일 (3:08)
13. 구도의 목표 (3:18)
14. 님은 어시리 (3:42)
15. 부처님 은혜(두 번째) (4:34)
16. 성중성인 오셨네 (3:10)
17. 내 문제는 내가 풀자 (2:38)
18. 즐거운 밤 (2:27)
19. 관 음 가 (2:48)

• 가격 : 2만원

가슴으로 부르는
불심의 노래 2

1. 부 처 님 (4:01)
2. 일반재일 (3:09)
3. 성도재일 (4:00)
4. 석굴암의 노래 (3:19)
5. 님의 모습 (3:15)
6. 빈고 파르세 (2:55)
7. 신명을 다하리 (4:17)
8. 부처님께 바치는 마음 (3:49)
9. 감사합니다 (3:10)
10. 교 화 가 (4:30)

11. 섬진강 소초 (3:08)
12. 꿴 수 가[1] (3:02)
13. 꿴 수 가[2] (8:02)
14. 우란분재일 (3:38)
15. 고맙습니다 (2:31)
16. 믿음으로 여는 세상 (3:05)
17. 출가재일 (2:44)
18. 열 원 (2:52)
19. 우리네 삶, 고운 수로 (2:35)
20. 숲속의 마음 (2:33)

• 가격 : 1만5천원

문의 전화 ☎ 031-534-3373

유튜브에서 채널 구독하시고
무료로 찬불가 앨범을 감상하세요

유튜브에서 MOONZEN을 검색하시거나
아래의 주소로 접속해주세요

http://www.youtube.com/user/officialMOONZEN